北欧料理大全

Den Store Nordiske Kogebog

＊＊＊＊＊＊＊＊＊＊＊＊＊＊＊＊＊＊＊＊＊＊＊＊

はじめに

　私は、これまで40年近くの間、コペンハーゲンを拠点として食の仕事に従事してきました。本著『北欧料理大全』では、これまで紹介してきた数多くのレシピの中から、北欧で広く愛されている料理101点を選り抜き、そのレシピを基にして、日本の読者用に書き下ろしました。このような形で私のレシピを読者の皆様と共有できることを光栄に思います。

　人のために料理を作るということは、愛を分け与えることです。どんなに世の中が便利になっても、心を込めて食事を作ることは大切なことだと思います。感化され、新しいことに挑戦することは、毎日の暮らしに輝きを与えてくれます。私の仕事は、普段の食事、そしてハレの日や特別な日の食事をおいしく作るための技をわかりやすく伝えることです。おいしさの探求、そして、心から満足してもらえる食事作りの追求は、プロの料理人と家庭で料理する人の共通の目標ではないでしょうか。この本で、確かなクオリティを持つ旬の食材を使う大切さをお伝えできればと思っています。そうすれば、自ずと年間を通じて変化に富んだ食事が用意できることでしょう。

　私は、長年の間、日本料理に深く魅せられ、その美しくおいしい料理にいろいろな形で触発されてきました。そして、日本の友人や日本からのお客様には、私の料理や料理法を喜んでもらえてきました。料理や食材の使い方などの知識をお互いに深めてきたと言えるでしょう。食事は文化です。いつも「旅をしている」のです。料理技術も料理も一つの場所にとどまることはなく、新しい場所に出没します。この本を使用することで、北欧料理があなたのキッチンへ旅をする機会に恵まれるのです。

　この本を通じて、北欧の食材や、その食材を北欧でどのように使うかについての基礎知識をお伝えできることを願っています。この本で紹介している料理をいろいろと試してみたいと思っていただければ、嬉しい限りです。

　この本で紹介する料理の時間がキッチンでの楽しいひとときとなりますように。またその料理を、おいしく召し上がっていただけますように。

カトリーネ・クリンケン
Katrine Klinken

＊＊＊＊＊＊＊＊＊＊＊＊＊＊＊＊＊＊＊＊＊＊＊＊

発刊にあたって

　北欧諸国において、日本料理は独自の存在感を持つ料理として根を下ろしています。私は食べものに関する情報に大きな関心を持ってきましたが、この本で、デンマークの料理人・料理本執筆者として第一人者であるカトリーネ・クリンケン氏が、北欧料理を日本の皆さんに紹介する機会を持つことを大変嬉しく思います。

　カトリーネ・クリンケン氏の丁寧な仕事と妥協を許さないその姿勢は、デンマークを始めとする北欧諸国において、よく知られています。また、子どもへ向けた食育に関しても、良質の食材を使って作られた料理がどんな意味を持つのかということについて、また、食事そのものへの楽しみだけではなく、食事によって得ることができる活力の意味について、社会へ大きな影響を与えました。カトリーネ・クリンケン氏は、チーズや、じゃがいも、ハーブ、くだものなどの食材それぞれの個性と、それをどのように料理に活かすかを熟知しています。

　私は長年カトリーネ・クリンケン氏と親交を深めてきました。政界での様々な職務の中、特に食に関する分野で、彼女の優れた技量と豊かな専門知識を活用させてもらえたことは、大きな喜びでした。彼女は、食事をどのように美味しくできるかに関するアドバイスや協力も惜しみなく与えてくれました。

　日本の読者の皆さんが、このデンマーク出身の素晴らしい食の芸術家により北欧料理への造詣を深めてくださることを期待します。

　そして、この本で紹介されている料理を、どうぞ美味しく召し上がってください。

リット・ビアゴード
Ritt Bjerregaard
前教育大臣、食糧大臣、社会福祉大臣
前EUコミッショナー
前コペンハーゲン市市長
作家・随筆家

Foto：Les Kaner

****

北欧料理大全
Den Store Nordiske Kogebog

****

目次
Indholdsfortegnelse

210　第二章　北欧料理を知る

[本書レシピの使い方]

・アルファベット表記はデンマーク語です。
・大さじは15㎖、小さじは5㎖で計量しています。
・塩は自然塩、胡椒は挽きたてを使っています。
・砂糖は、特に表記がない限り、きび砂糖を使っています。
・バターは発酵有塩バターを使っています。
・無糖ヨーグルトは、生乳100％のものを使っています。
・サワークリームは、クレームフレーシェの代用品として使っています。
・蜂蜜は非加熱のものを使用しています。
・りんご酢は米酢や白ワインビネガーで代用できます。
・オリーブオイルはエキストラ・バージンオイルを使っています。
・ベーコンは天日干しのものを使っています。

北欧の基本情報

　デンマーク、スウェーデン、ノルウェー、フィンランド、アイスランドの5カ国が北欧理事会加盟国。ヨーロッパ最大の半島であるスカンジナビア半島には、スウェーデン、ノルウェー、フィンランドが位置するが、「スカンジナビア3国」は共通の文化背景を持つデンマーク、スウェーデン、ノルウェーの3カ国。

フラッグキャリアにも、フィンランドのフィンエアー、アイスランドのアイスランド航空に対し、デンマーク、スウェーデン、ノルウェーはスカンジナビア3国による共同運航のスカンジナビア航空とその区分が見てとれる。

デンマーク	
正式名称	デンマーク王国
面積	4.3万km²（フェロー諸島及びグリーンランドを除く）
最高地点	171m
人口	581万人
首都	コペンハーゲン
言語	デンマーク語
宗教	福音ルーテル派（国教）
政体	立憲君主制
元首	マルグレーテ2世女王
主要産業	小売り・流通、医薬品、畜産・農業、運輸、エネルギー
GDP	3,509億ドル
一人当たりGDP	60,692ドル
経済成長率	1.2％
通貨	デンマーク・クローネ（DKK）
耕地面積	23.77km²
耕地面積率	56.6％
平均寿命	81.1歳
EU	EU加盟国

　北欧諸国の中で最も南に位置し、大小400以上の島とドイツと国境を接するユトランド半島からなる本国と、自治権を持つフェロー諸島、グリーンランドで構成される。

　本国は北欧の中で最も小さな国で、九州より少し大きい。国土の大半が平地で、耕作向き。気候は温帯に属し、温暖で雨の多い冬と、涼しい夏が特徴。世界で2番目に古い君主国（一番古い君主国は日本）。

スウェーデン

正式名称	スウェーデン王国
面積	45万km²
最高地点	2,106 m
人口	1,023万人
首都	ストックホルム
言語	スウェーデン語
宗教	福音ルーテル派が多数
政体	立憲君主制
元首	カール16世グスタフ国王
主要産業	機械工業（含：自動車）、化学工業、林業、IT
GDP	5,511億ドル
一人当たりGDP	53,873ドル
経済成長率	2.3％
通貨	スウェーデン・クローナ（SEK）
耕地面積	26,080km²
耕地面積率	6.3％
平均寿命	82.5歳
EU	EU加盟国

　北欧最大の国で、日本全土に北海道をもうひとつ足した程度の大きさ。首都ストックホルムは人口約96万人で北欧最大の都市。森林地帯が国土の半分以上を占めるEU最大の林業国。耕作地は国土面積の約6％を占めるに過ぎない。スカンジナビア半島の南東部に長く伸びた国で、ノルウェーと背中を貼り合わせた格好で接している。北部のラップランド地方には先住民族であるサーミ人が居住している。

ノルウェー

正式名称	ノルウェー王国
面積	38.6万km²
最高地点	2,469m
人口	533万人
首都	オスロ
言語	ノルウェー語
宗教	福音ルーテル派が大多数
政体	立憲君主制
元首	ハラルド5世国王
主要産業	石油・ガス生産業、電力多消費産業（アルミニウム、シリコン、化学肥料等加工産業）、水産業
GDP	3,988億ドル
一人当たりGDP	75.389ドル
経済成長率	1.9％
通貨	ノルウェー・クローネ（NOK）
耕地面積	8,103km²
耕地面積率	2.2％
平均寿命	82.7歳
EU	非加盟国

　日本とほぼ同じ大きさで、スカンジナビア半島の西側に位置し、海岸にはフィヨルドが発達している。スウェーデンと1600kmに及ぶ国境を有し、北東にはフィンランド、ロシアとの国境がある。国土はフィヨルドや氷河、雄大な山など変化に富んだ地形を持つ。国土の大半をスカンジナビア山脈が占めるため、平地はないに等しい。北緯57度以上という高緯度地帯に位置するが、暖流の影響で比較的温暖な気候。北部のラップランド地方には先住民族であるサーミ人が居住している。

フィンランド

正式名称	フィンランド共和国
面積	33.8万㎢
最高地点	1,324m
人口	551万人
首都	ヘルシンキ
言語	フィンランド語、スウェーデン語（全人口の約5.2％）
宗教	福音ルーテル派、正教会
政体	共和制
元首	サウリ・ニーニスト大統領
主要産業	紙・パルプ等、金属、機械、電気・電子機器、情報通信
GDP	2,753億ドル
一人当たりGDP	49,845ドル
経済成長率	2.4％
通貨	ユーロ
耕地面積	18,235㎢
耕地面積率	7.4％
平均寿命	81.7歳
EU	EU加盟国

　スカンジナビア半島の内側に位置し、国土の面積は日本とあまり変わりない。西にスウェーデン、北はノルウェー、東はロシアと国境を接している。国土の大半は平坦な地形で、約10％が水域（湖沼と河川）で占められている。針葉樹林の森は国土の2/3を占め、地衣類、粘菌が多様に生息する。国土の大半が寒冷な気候である。他の北欧諸国がゲルマン語族なのに対して、フィンランドはウラル語族に属するので顔つきや体型が異なる。北部のラップランド地方には先住民族であるサーミ人が居住している。

アイスランド

正式名称	アイスランド共和国
面積	10.3万㎢
最高地点	2110m
人口	35万人
首都	レイキャビク
言語	アイスランド語
宗教	福音ルーテル派（国教）
政体	共和制
元首	グドゥニ・トルラシウス・ヨハネソン大統領
主要産業	観光業、水産業、水産加工業、金属（アルミニウム精練）
GDP	229,7億ドル
一人当たりGDP	67,570ドル
経済成長率	5.7％
通貨	アイスランド・クローナ（ISK）
耕地面積	1,290㎢
耕地面積率	1.2％
平均寿命	82.6歳
EU	EU加盟国

　国土は北海道よりやや大きく、大西洋中央海嶺とアイスランドホットスポットの上に位置している火山島である。多くの火山が存在し、温泉も存在する。北緯63度から66度に位置し、国土の一部は北極圏にかかっているが、沿岸を流れる北大西洋海流と、活発な火山活動による地熱の影響で、同緯度にあたるフィンランドやスウェーデンの北部と比べて暖かい。溶岩の大地や氷河、滝、氷河湖など、他の北欧諸国では見られない自然を保有。

北欧の歴史

北欧の歴史は、次のように大きく分けることができる。
- **バイキング時代までの古代**
- **デンマーク、スウェーデン、ノルウェーの同君連合時代**
- **領土をめぐる争いと各国の独立**

北欧では「北欧神話」で語り継がれている北欧の神々を信じ、北欧ルーン文字と呼ばれる独自の文字を使っていたと言われているが、中世にエッダやサガが書かれるまで母国語での文献は存在しない。バイキングは、交易を求めてヨーロッパ各地やアメリカ大陸を航海し、中世ヨーロッパの歴史に大きな影響を残したスカンジナビア、バルト海沿岸地域に住む人々を指し、バイキングが活躍した約250年間はバイキング時代と呼ばれている。バイキング後期にはキリスト教が伝来した。

デンマークとスウェーデンのバルト海東岸・南岸への進出は、バイキング時代から続いていたが、デンマークとノルウェーは1380年から連合王国を結成する。1397年、デンマーク・ノルウェー・スウェーデンの3王国間でカルマル同盟が締結され、スウェーデンがカルマル同盟から分離するまで約150年間、3王国間での同盟が続いた。デンマークとノルウェーは、1814年にキール条約でノルウェーがスウェーデンへ割譲されるまで同君連合を構成し続けた。その後、ノルウェーはスウェーデンとの同君連合を経て、1905年に独立する。アイスランドは古代末期に世界最古の民主議会が作られるなど民主的な合議による自治を目指したが、中世にはノルウェーとデンマークの支配下におかれる。1874年に自治法が制定され、1918年にデンマーク国王主権下の立憲君主国アイスランド王国として独立。1944年、共和国として完全な独立を果たした。フィンランドは、古代末期よりスウェーデンが東方へ進出することによって自国の一部とし、1809年にロシア帝国に割譲され、ロシア帝国による同君連合のもと準自治のフィンランド大公国が建国されるまで続いた。1918年、フィンランド共和国として独立する。

アイスランド

フィンランド

スウェーデン

ノルウェー

デンマーク

〈中世以降の北欧諸国の関係図〉

バイキング時代 800〜1050年頃	11世紀	11世紀〜 12世紀	北欧にキリスト教が伝来する
中世・前期 1050年〜1340年	12世紀	1155年	フィンランド、スウェーデンの一部となる
	13世紀	1262年	アイスランド、ノルウェーの統治下に入る
	14世紀		
中世・後期 1340年〜1536年	15世紀	1323年	フィンランド、スウェーデンの一部となる
		1397年	北欧三国によるカルマル連合成立
		1397年	アイスランド デンマーク王の統治下に入る
	16世紀	1523年	スウェーデン、デンマークから独立
近世・封建領主期 1536年〜1660年	17世紀		
	18世紀		
近世・絶対王政期 1660年〜1848年	19世紀	1809年	フィンランド、ロシア統治のフィンランド大公国となる
		1814年	デンマークがノルウェーをスウェーデンに割譲 アイスランドはデンマーク配下となる
近代	20世紀	1905年	ノルウェー、スウェーデンとの同君連合を解消し独立
		1917年	ロシアから独立、フィンランド共和国成立
		1918年	アイスランド 独立（デンマークとの同君連合）
		1940年	デンマーク、ノルウェーがナチス・ドイツに占領される アイスランド、英軍に占領される
		1944年	アイスランド共和国成立
		1945年	デンマークとノルウェー、ドイツの占領から解放

北欧をより深く知るための8項目

豊かな自然

気候が変化しやすく、地域による差が大きいことから、多種多様な野生生物が見られる自然の宝庫。

バルト海、北海などの海に囲まれた北欧は、温帯から北極圏にまたがっている。高い緯度に位置しているため、冬と夏の日照時間は極端に変わり、極夜と白夜が存在する。北部ではオーロラが観測できる。暖流の影響で、比較的穏やかな気候。

田園風景が広がるデンマーク、ヨーロッパ最後の広大な原野が存在するスウェーデン、フィヨルドや雄大な山々、氷河などの大自然が豊富なノルウェー、森と湖に覆われているフィンランド、北欧最北に位置し、絶えず活発に活動を続ける火山や温泉、ヨーロッパ最大級の氷河が存在するアイスランドと、北欧の自然は豊かで美しい。

高福祉・高負担国家

北欧諸国では普遍的な社会保障を基本とし、出産・育児に始まり、保育・学校教育、失業、成人教育、医療、高齢者福祉など、ライフサイクルのあらゆる場面で、国家が国民の生活を支援する。国民全てが医療や教育などを無償で平等に享受できる権利を持っている。

国民負担率は約60％前後（日本は約40％）の高納税国である。北欧諸国の消費税率は、25％前後で世界でもトップクラス。社会的な平等を実現させるための高納税という考え方が浸透している。

国民の政治や行政に対する信頼が高く、高納税は「負担」ではなく「将来に対する積立」として意識されている。また、政治への関心は高く、選挙の投票率は平均で80％を超え、一般の雑談でも家族間の会話でも政治の話題に事欠かない。国際比較調査では世界で最も政官の汚職の少ない国々として上位を占めている[※]

[※]国際透明性機構が、1995年以来、腐敗認識指数で毎年公開している、世界各地の公務員と政治家が、どの程度汚職していると認識できるか、その度合を国際比較し、国家別にランキングしたものである。

男女平等先進国

北欧の女性の社会進出は世界最高レベルで、男女の就労率の差が極めて少ない。「男性も女性も、仕事、家庭、社会における活動に関して、平等の権利と義務、そして可能性を持つ」という平等理念に基づき、家庭と仕事が両立できる支援の対象を、配偶・子どもの有無にかかわらず、男女と捉えて労働環境が整備されてきた。子育て支援も男女が同等の権利を得ることができる。家庭では両親が働く形が大半。

男女共同参画社会の充実度の高さが世界的に認められており、世界経済フォーラム（WEF）男女平等度ランキング[※]では、北欧諸国が上位を占めている。

[※]世界経済フォーラム（WEF）では、「世界ジェンダー・ギャップ報告書（Global Gender Gap Report）」を毎年発表しており、男女平等度ランキングは、「ジェンダー間の経済的参加度および機会」「教育達成度」「健康と生存」「政治的エンパワーメント」の4種類の指標を基に格差を算定している。

『ライフワークバランス』先進国

仕事と家庭のバランスがとれたゆとりのある生活を基盤とし、人として尊厳されてこそ、自らが持つ能力が発揮できるという考えが浸透している。また、自らの能力を最大限に発揮することが生産性の向上をもたらすと考えられている。

労働者の基本的権利を定める労働時間法や有給休暇法は遵守され、徹底化されている。雇用側は、年間5～6週間の有給休暇のうち最低3週間をまとめて与える義務があり、多くの人が3～4週間に及ぶ夏季休暇を家族ぐるみで楽しみ、リフレッシュしている。週40時間以下の所定労働時間により、残業は一般的ではなく、毎日18時に家族が揃って夕食を囲む生活がごく当たり前に営まれている。フレックスワークやリモートワークが普及しており、それぞれの家庭の事情や希望に合わせた形態を選ぶことができる場合が多い。午前と午後にとる30分ほどの休憩も一般的で、休憩で仕事の効率化を図ることが浸透している。また、休憩は、同僚とのコミュニケーションをとる時間にもなっている。

自立した個人

　北欧では、幼いころから自主性が重んじられ、自分で決断する「自立した個人」となることが理想とされている。学校教育では子どもも学習の過程に積極的に参加し、責任を持つことが奨励され、家庭内教育でも、子どもは意見を備えた一個人として扱い、子どもを叱らず、感情的にもならず、子どもにメッセージを粘り強く伝え続ける姿勢と「選択の自由とその責任」を感じさせる躾が推奨されている。徹底した平等と「個」を尊重する考え方が定着しているため、自分の人生は、自分の責任の下に自分で選択し、自分で形成する考え方が浸透している。また、自分の能力を可能な限り展開させること、社会的価値のある活動を行うことを理想としている。老後は、必要に応じて公的な支援を受けながら自立した生活を望む高齢者が圧倒的に多い。

　北欧諸国は、一人あたりのGDPや平均寿命、就学率ともに世界的に高く「人間開発指数（HDI）※」で世界トップクラスに位置している。

※HDIは、一国の開発のレベルを評価するにあたって、経済成長だけでなく、人間および、人間の自由の拡大を究極の基準とするべきであるという点を強調するために導入された基準である。

グリーンエネルギー先進国

　グリーンエネルギーによる電力は、電力というエネルギーの価値に加えて、CO_2排出抑制という環境付加価値を持ったエネルギーとして注目されている。

　デンマークを除く北欧諸国は、北極圏に近い寒冷地域のため、暖房での電力消費量が多く、一人当りの電力消費量が高い。しかし、自然に恵まれた環境であるため、水力発電が盛んである。ノルウェーは水力発電が国内電力の約95％を占める。アイスランドは地熱発電で約27％の発電を行っており、水力と地熱だけで100％の発電シェアを誇る。

　地理的制約により水力発電が適さないデンマークは洋上風力に着目し、風力発電が国内電力の約50％を占める。天候不順によって不安定な風力発電をバイオマス発電でカバーしており、グリーンエネルギーとその技術革新および開発において、世界の重要拠点となっている。スウェーデンとフィンランドも風力とバイオマスに力を入れている。

※グリーンエネルギーは再生可能エネルギー源を指し、自然界に常に存在するエネルギーである。その大きな特徴は、「枯渇しない」「どこにでも存在する」「CO_2を排出しない（増加させない）」の3点。太陽光、風力、水力、地熱、太陽熱、大気中の熱その他の自然界に存在する熱、バイオマス（動植物に由来する有機物）の7種類が該当する。環境問題が深刻化する中、石油や石炭などをエネルギー源とするエネルギーは、CO_2などの温暖効果ガスを多く排出するため、その使用を可能な限り減らしていくことが急務となっている。

オーガニック大国

　北欧諸国では、健康志向だけではなく、環境保護、動物福祉に対する考え方が原動力となり、オーガニック食品への関心が高く、売上も年々伸びている。中でも農業国であるデンマークとスウェーデンは、世界でトップクラスのオーガニック食材の生産国であり、消費国でもある。両国では、オーガニック食品が食品小売売上高の10％前後を占めており、どこのスーパーマーケットや小売店でもさまざまなオーガニック食材が簡単に求めやすい価格帯で手に入り、競争力の高い日常的な食品となっている。オーガニック食品の消費量が増えるにつれ、生産量も年々増え、生産者も新しいオーガニック生産物の開発に意欲的である。また、スーパーマーケット各社を始めとする販売側が、オーガニック食材を充実させ、価格帯を下げることに積極的な動きを見せている。デンマークでは若年層においてオーガニック食材のシェアが広がってきているのが特徴。

世界で最も幸せな国

　国際連合（UN）が毎年発表している「世界幸福度報告書」では、毎年、北欧諸国が幸福度ランキング※の上位を占めている。2019年の幸福度ランキングの1位は、2年連続でフィンランド。デンマークは過去3度（2013、2014、2016年）1位になっている。

　経済協力開発機構（OECD）が生活の満足度やワークライフバランス、所得などの指標に基づいて毎年発表している先進諸国の人生満足度（Life Satisfaction）や、世界幸福地図、世界価値観調査での幸福度（Happiness）でも北欧諸国が上位を占めている。

※幸福度ランキングは、世界150以上の国を対象にし、所得、自由、信頼、健康寿命、社会的支援、寛容性の6項目を幸福の主な指標としている。

北欧の気候と人々の暮らし方

　北欧の気候は四季がはっきりしている。高緯度に位置するため、夏と冬のコントラストが大きく、白夜と極夜が存在する。冬が半年近く続き、北欧独特の爽やかで美しい夏は初夏を含めて四ヶ月ほど続く。春と秋は一月ほどであっという間に過ぎる。北欧の人々は、四季を通じて常に自然との一体感を感じていると言われている。

北欧の四季

夏：北欧の人々が待ち焦がれる夏。5月に初夏を迎える。日照
　　時間が長く、白夜が続く地域が大半。

秋：収穫の季節を迎える頃に秋めいてくる。10月頃に森が美し
　　く紅葉する。

冬：北大西洋海流の影響で、緯度が高いわりに温暖な気候だ
　　が、北極圏の冬は厳しく、一日中太陽が昇らない期間が続
　　く。スカンジナビア半島の北部や山間地帯では、雪のシーズ
　　ンが11月から5月まで続く。

春：北欧の夏は短いと言われるが、春はさらに短い。スノードロッ
　　プ、クロッカスなどの球根花が3月・4月に咲く。

日照時間の年間経緯

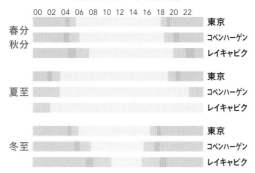

※データは、北欧の最南の首都コペンハーゲン、最北の首都レイキャビク、
　日本の首都東京から構成しています。

気温の年間経緯

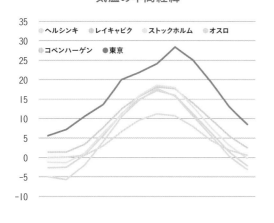

16

人々の暮らし方

夏は日照時間が長いので、屋外で夏の雰囲気を楽しむことが多い。日光浴や海水浴、庭や公園でのバーベキューなどは夏の定番行事。春と秋はあっという間にすぎるが、その移り変わりを見逃さないよう頻繁に森へ散歩に出かけたりする。冬は、日照時間が短く、学校や仕事に出かける時には真っ暗で、帰宅する時刻も既に暗くなっていることが多い。北欧の人々は、暗い冬の暮らしを楽しむために灯りを楽しむ空間を大切にするようになったと言われている。また、長い冬を少しでも気持ちよく暮らしたいという気持ちが北欧デザインなどのインテリアを始めとする各家庭での内装の充実につながったとも言われている。北欧のライフスタイルは、四季の移り変わりを、家族や友人と一緒に楽しむことが中核となっており、そこに「ヒュッゲ」が存在する。誕生日や記念日など、家族や親族、友人がお互いを招き合い、半日を一緒にゆっくりと楽しむことが頻繁に行われる。

ヒュッゲ

「ヒュッゲ」はデンマーク語に由来し、一人一人の心が温まる気持ちや時間や空間を表すが、日々の暮らしのなかで喜びを見つけることが上手な北欧諸国のライフスタイルを表現する言葉とも言える。キャンドルを灯してお茶を片手におしゃべりをする時間や、映画を揃って観たりする時も「ヒュッゲ」の時間となり得るが、主に家族や友人と一緒に過ごす時間で、おいしいものを一緒に食べたりしている時が多い。概して、寛いで何かを楽しんでいる時だが、そこに食事が関わる要素は高い。

フィーカ

「フィーカ」はスウェーデン語で、誰かと一緒に過ごすコーヒーブレイクを指す。一緒に過ごす相手は、家族や友人、同僚などで、シナモンロールやスパイスクッキーなどの甘いものが加わることが多い。仕事の合間にもフィーカを挟むことが一般的で、15〜30分のコーヒーブレイクに同僚と共に過ごし、仕事の効率性を高めることにも一役買っている。

夏至祭とクリスマスのお祝い

北欧では、日照時間が対極にある夏至と冬至にそれぞれ伝統ある行事が続いている。

夏至祭：夏至を祝う行事で、夏至の前夜もしくは夏至に最も近い週末に祝う地域が多い。町の広場で、夏至柱を立てる地域と、夜に湖などの水辺や海辺で大きな焚き火をたく地域があるが、いずれも歌ったり踊ったりして賑やかに祝う。賑やかに過ごすことで災いを遠ざけ、幸運を呼ぶと言われている。

クリスマス：キリスト教が伝来する前から、冬至に太陽の力が再び強くなることを祈る祭りが行われ、火を焚き、北欧神話の神に生贄を捧げていたと言われている。キリスト教の伝来により、イエス・キリストの降誕祭として祝われるようになった。クリスマスを準備する期間、待降節アドヴェントがクリスマスの4つ前の日曜日から始まるが、北欧でもアドヴェントからクリスマスまでの一ヶ月、クリスマスを様々な形で祝う。アドヴェント・キャンドル、カレンダー・キャンドル、ルチア祭のキャンドルなど、クリスマスの行事にもキャンドルがいろいろな形で登場する。

北欧料理の基礎知識

中世までの暮らし

北欧へ農耕文化が伝来したのは、世界的に農耕が始まったとされる紀元前4000年の500年後である。それ以前は、川や湖の鮭、鱒、うなぎ、海に棲む鱈やカレイ、牡蠣やあさり、ムール貝を野生の草で風味づけたスープに仕立てたり、鹿や鳥などは、熱した石で加熱して食していた。

農耕文化の発達と共に集落が形成され、牛、羊などの家畜を飼い、古代種の麦を育てて暮らした。くだものや種子類の採集や狩猟も日課であった。食事は、水や乳で炊いた麦の粥が主流で麦の粉と水を混ぜて焼いたフラットブレッドも存在した。

その後、チーズやバター、発酵乳などの乳製品が作られるようになり、自給自足の暮らしの基礎となった。人が集まり一緒に飲むということが社会的に重要な要素となり、麦とコケモモ、ヤチヤナギ、蜂蜜などでビールに類するものが作られた。

古代末期に登場したバイキングの暮らしは、季節に応じて狩猟や採取を行い、家畜を飼い、畑を耕す自給自足が基本。肉、魚、野菜、麦、乳製品を食し、甘味にはベリーやくだもの、蜂蜜が使われた。鰊はバイキングが最も食した食材と言われている。

中世の暮らし

キリスト教の伝来により、教会は修道院を設立し、遠くから珍しい植物や香辛料を運び入れ、薬や料理に使った。大半の人々は自給自足の生活を行い、パン、粥、塩漬けの食材を日常の食事としていた。この時代の主要な穀物はライ麦と大麦で、ライ麦はサワー種を使って焼いたパンとなり、大麦は粥やビールの製造に使われた。小麦の生産は最南部のみに限られており、高価な食材だった。そのため、小麦で焼かれたパンは、ハレの日やお祝いの日に限って供された。

「肉」は、牛肉、仔牛肉、羊肉を意味するようになり、保存には塩漬け、乾燥などの手法が用いられた。キリスト教の断食では鳥獣の摂取は禁止されていたが、魚の摂取は許されていたので、海や湖で採取できる魚は幅広く食していた。中でも鰊は重要な魚で、樽で塩漬けにされ、北ヨーロッパ全域に輸出された。

野菜は、未結球キャベツのケールが重要な位置を占めた。ケールは長く厳しい冬にも収穫できる野菜で、ビタミンの補給にも大きな役割を担った。えんどう豆は乾燥豆にして保存し、肉と一緒に煮たり粥やパンの副材料として使われる。玉ねぎの栽培も始められ、料理を調味する食材として使われた。

昔から自生していたりんご、プラム、さくらんぼなどが修道院の庭などで栽培されるようになったが、りんごが最も一般的で、果樹園はりんご園と呼ばれていた。

ビールは、よく飲まれた飲みもので、一般の家庭では自給自足で、修道院や大きな農家などでは、醸造師を雇っていた。蜂蜜を使って醸造させる蜂蜜酒は珍重され、ワインは輸入物で高価な食材に類し、王室や裕福層、教会が利用した。

近世の暮らし

　近世初期には、富裕層の間で香辛料がもてはやされ、香辛料を効かせた料理が頻繁に作られた。近世後期は、王、貴族、それに類する高い地位の人々のみが、砂糖、香辛料、柑橘類、異国の野菜、ジビエや生肉などの食材に恵まれていた。腕の立つ料理人が大勢の使用人を使い、とびきり高級な食材を最も洗練された手法で調理することが勢力を示す方法として用いられた。

　フライパンや耐熱皿は、中世後期・近世初期に登場し、粉と脂肪でルーを作る方法やパンでとろみをつける調理方法が利用され始める。濃厚な味を保ちしっとりと仕上がるパテは、高い人気を集めた。

　ライ麦は最も重要な穀物となり、日常の食事の中心的役割を持つパンとして利用され、大麦はパンやビールの原料となる麦芽に利用された。燕麦は家畜や馬の餌として栽培され、小麦の栽培には他の麦に比べて高めの気温が必要であるため、量産は難しかった。蕎麦、粟、えんどう豆なども栽培されている。

　菜園では、パセリ、オレガノ、セージなどのハーブが育てられ、冬の間、地下で貯蔵したり、砂糖漬けや塩漬けで保存ができるりんご、梨、プラム、キャベツ類、根菜、玉ねぎが広く普及する。

　生の魚はすぐに調理するか、塩漬けにしたり干したり燻製にして保存した。塩漬け鰊を使った料理は、ごく一般的に食卓に上る料理だったが、そればかりと言う訳ではなく、変化に富んだ魚料理が並んだ。

　羊は最も普及していた家畜で、羊の毛や皮からは衣類を作り、羊の脂肪は灯りに使われた。羊の乳、肉、内臓は、最も一般的な動物性の食材だったと言われている。牛は農耕で重要な役割を担い、乳も搾れるので一石二鳥だったが、牛乳の量産には限界があり、冬の餌が高くつくため、冬に入る前に屠殺し、塩漬けにして保存した。豚は、冬の間、麦の殻などを食べさせることができたので、以前に比べて普及した。ガチョウ、家鴨、鶏は、ケールやハーブが育つ畑で飼われており、日常的には卵を、卵が産めなくなると食肉用に利用した。白鳥や孔雀などは、王室での晩餐などに豪勢な料理として供され、ジビエは、森に棲む動物の狩猟制限が厳しかったため、森の所有者のみに許された贅沢な食材だった。挽き肉は、筋に沿って削った肉を細かく刻むか、おろし器でおろさなければならなかったので大変な手間がかかる食材で、富裕層に人気があった。煮たり焼いたりした肉を細かく刻んで肉団子やパテや詰め物に使うこともあったと言う。

　この時代は水質が悪かったため、アルコール度数が低い白ビールなどが日常的な飲みものに使われた。当時、人気のあった香辛料で風味づけをされた蜂蜜酒は高級な飲みもので、ワインは大変高価で特定の富裕層にのみ限られていた。コーヒーや紅茶は、17世紀に贅沢な飲みものとして登場したが、18世紀に一般の民衆にも手に取ることができる食材となる。

＜19世紀の食事＞

　引き続き、燕麦、大麦、ライ麦が主要穀物として栽培されたが、小麦の栽培も広がった。いんげん豆、菜種、麻なども新しい品種として栽培が始まった。

　北欧ではじゃがいもが温かい食事に欠かせない食材だが、その慣習は19世紀の中頃に定着した。じゃがいもは、蒸留酒の製造にも利用された。貧乏な家庭では、じゃがいもだけが食卓に上り、豚の脂肪や玉ねぎで作られたペーストをわずかに塗りながらながら食べる情景も少なくなかったと言う。

　19世紀には、料理本が一般化し、家庭で受け継がれてきた作り方だけではなく、新しい料理の作り方が入手できるようになる。

　1850年以降、北欧の台所に大革命が起こった。コンロ付の薪オーブンが登場し、地方にも瞬く間に広まったのである。元々、火をくべていた場所にオーブンが設置されたので、既存の煙突をそのまま使うことができたのである。この時代には、肉挽き器も登場し、誰もが挽き肉料理を簡単に作ることができるようになる。コンロ付の薪オーブンと肉挽き器は、当時の料理時間の短縮に大きく貢献した。

　本書で紹介している、『昔風りんごケーキ』(P.182)やじゃがいもオーブンオムレツ (P.93)は、この時代に由来する歴史的な料理である。

＜近代の暮らし＞

　国は産業化され、地方に住む人は都市へ出て行き、都市はどんどん大きくなっていく。地方から都市へ人が流れたことで農業が衰退したわけではなく、近代化により農業は繁栄した。牛乳は、もはや家で加工されることはなく、乳製品加工業者に送られるようになり、新しい耕作法により農耕の生産性は向上する。男と女の仕事分担は従来の形が引き継がれ、男は外で畑を耕し、女は家で家事を担当した。家庭で必要なものを家庭で用意する生活も従来の形を引継ぎ、毎日の食事やお祝いの席に十分な食事を用意することは、主婦の大切な課題だった。ソーセージやハムや塩漬けの加工品は豚から作られ、卵は鶏小屋から集められ、家庭菜園では野菜やくだものを育てた。ビート糖から製造された安価な砂糖は、くだものの砂糖漬けに使われ、次の旬が訪れるまで保存できるようになったのである。

　1900年初頭にはガスオーブンが登場する。それまでの薪オーブンに比べ、点火も消火も瞬時で行え、手入れも簡単で、火加減も簡単に行えたため、オーブン料理が劇的に効率化する。

＜20世紀後半の暮らし＞

　1950年代、一般家庭に冷蔵庫が登場するようになり、続いて、オーブン、調理台、掃除機、洗濯機、食洗機、パンこね機などの家庭電化製品も次々に登場する。スーパーマーケットに新しい購入システムが導入され、消費者が自分で商品を選ぶことができるようになり、肉屋、パン屋、八百屋に行く代わりに一つの店で必要な食材全てが揃うようになった。

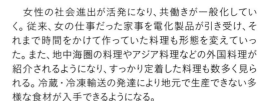

　女性の社会進出が活発になり、共働きが一般化していく。従来、女の仕事だった家事を電化製品が引き受け、それまで時間をかけて作っていた料理も形態を変えていった。また、地中海圏の料理やアジア料理などの外国料理が紹介されるようになり、すっかり定着した料理も数多く見られる。冷蔵・冷凍輸送の発達により地元で生産できない多様な食材が入手できるようになる。

＜新しい北欧料理＞

　2004年に発表された「新しい北欧料理のためのマニフェスト[※]」を基に作成された北欧の食プログラム「新しい北欧の食」(New Nordic Food)は、季節の食材や地元の特産品を使った地元の料理に焦点をあてるだけではなく、北欧で培われた食文化の継承を試みるものである。北欧料理に革命をもたらし、北欧産の食材が新しい視点で注目されるようになった。

＜一般家庭での食事＞

　女性の社会進出が世界でもトップを誇る北欧では、夕食を準備する男女比に大きな差がなく、30分以内で夕食を作る家庭が大半である。夕食は、概してワンプレート式。大皿に盛り付けられ、テーブルを囲む人がそれぞれに好みの量を銘々の皿に取り分ける形が一般的である。

　夕食は、肉/魚、野菜、じゃがいも（もしくは、パンや米などの炭水化物）に、ソースやドレッシングという形が基本で、野菜のピクルスやサラダが加わることもある。塩・胡椒で味を整え、乳製品でコクづけすることが多い。

　毎日の食事は、手早く作れる料理を選ぶ傾向が強く、フライパン料理やオーブンで肉/魚と野菜を一度に調理する手法が広く普及している。週末やハレの日には、煮込み料理やローストした塊肉などの時間を要する料理を多めに作って、数日に分けて楽しむ。前菜の後に主菜を供したり、主菜の後にデザートを供するコース式で供する場合が多い。様々な国の料理が作られる傾向にあるが、地元の伝統的な食材が高く評価されるようになっている。環境保護や動物福祉の観点から、地産地消、オーガニック食材、菜食、食材を無駄にしないということへの関心が高まっている。

※**「新しい北欧料理のためのマニフェスト」10項目**

1. 北欧に通じる清潔感、新鮮さ、シンプルさ、道徳観を表現する
2. 料理に季節の移り変わりを反映させる
3. 北欧の気候、地形、水質によってもたらされた独自の食材をベースに調理する
4. おいしさへの追求と、健康で幸せに生きるための最新の知識を組み合わせる
5. 北欧の生産物および多様な生産者を広く紹介し、その根底となる文化を広める
6. 動物愛護、海や農地や森林での健全な生産工程を奨励する
7. 北欧の伝統的食品の新しい利用価値を開拓する
8. 北欧の料理法と食の伝統を、海外からの刺激と組み合わせる
9. 自給自足による地元の食材と高品質な北欧特産品に結びつける
10. 消費者、料理人、農業、漁業、食品、小売および卸売業、研究者、教育者、政治家、この企画の責任者が協力し合い、北欧諸国に恩恵と利益を生み出す。

北欧料理の特徴

北欧料理には、次の特徴が挙げられる。

- ● ライ麦、大麦、燕麦が主要穀類であり、全粒で粥もしくはパンとして常食する。
- ● ライ麦パン、ライ麦を主原料としたクリスプブレッドを常食する。
- ● スイーツに限らず、食事に甘味や酸味を加える時など、ベリー類を多様に用いる。
- ● 野菜はキャベツ類、カブ類、根菜類、ネギ類が主流である。
- ● 豊富な自然に生息する動物・植物を食材として利用する。
- ● 発酵乳製品の伝統を持ち、乳製品を旨味づけにも用いる。
- ● 植物性油脂は菜種油を用いる。

The Baltic Sea food triangle is created by nutrition experts from the Diabetes Association, the Finnish Heart Association and the University of Eastern Finland

※フィンランドでは、北欧食の特徴をイラストにした食指針が使われており、世界保険機関（WHO）での健康調査でも取り上げられている。摂取が推奨されている食材が底辺となり、上の層ほど、摂取回数と量に気をつけるべき食材となっている。北欧の食材を基に健康を築く食事への配分がひと目でわかるのが興味深い。

北欧独特の気候と自然によって培われた「北欧食」は、食療法としての研究が重ねられており、地中海型の食事に相当する健康的な食事として評価され始めている。

日々の摂取が推奨されているのは野菜で、緯度の高い北欧でも育つ野菜であるケールなどのキャベツ類やルタバカなどのカブ類、根菜、玉ねぎ、長ねぎなどのネギ類が主軸となり、いんげんやえんどう豆などの夏野菜が年間サイクルに華を添えている。伝統的には、えんどう豆は完熟させて乾燥し、冬の間、冬野菜や塩漬け肉などと一緒に煮た。スカンジナビア半島では、森で採れるきのこを使った料理も多い。

毎日の食事に推奨されているもう一つの食材群は、ベリー類とりんごである。北欧にも「1日1個のりんごは医者知らず」という格言が存在する。ベリー類には、いちごやすぐりなど畑で育てる種類と、コケモモやブルーベリーなど森で採れる種類があり、赤、紫、黒、橙など美しい色は北欧の夏の叙情詩そのものである。そのままで食べたり、スイーツとして焼き込んだりもするが、とろみのあるスープ状のコンポートに仕立てて、ミルクや生クリームをかけて食する方法は、北欧各国に共通した伝統である。肉料理などのつけあわせにすることも特徴的と言える。近年は、その甘味と酸味、美しい色を活かして、サラダのアクセント食材としても使うことにも人気がある。

北欧料理はそれぞれの国の自然を融合した料理と言われるが、高緯度に位置するため日照時間が少なく小麦の栽培が難しかったため、ライ麦、大麦、燕麦を使った粥とパンが食事の基本となっている。水車を使った粉挽きが主だった国では、年に2回の粉挽きが一般的だったため、乾燥させることで半年以上の保存が可能にする薄焼きのクリスプブレッドを常食する習慣が残っている。ライ麦が主な原材料であることが多いが、大麦や燕麦を組み合わせた種類なども存在する。また、ひき割り麦を水で炊く粥を常食し、かつては、粥を1日3食、週に20回以上食べていたと言われている。水で炊いた粥に、ミルクや生クリームを少量ソースのようにかけて食べる形が基本で、その土地で採れるベリーやりんごを加えて煮たり、添えたりもする。特別な日にはミルクで炊いた粥を用意した。18世紀に渡来したじゃがいもは、温かい食事に欠かせない食材となった。

北欧はどの国も海と接しているため、漁業が発達し、何世紀にも渡って、乾燥、燻製、塩漬け、発酵などの手法で魚を保存し、他の国との貿易にも使われた。スープを始めとする魚の伝統料理が北欧全土で数多く存在する。また、各国に独自の発酵乳とチーズが存在し、朝食にはもちろん、昼食にも夕食にも使われることが多い。農業国では牛、農業に適していない国では羊や山羊のミルクを使った。料理にコクを加える食材として、またパンの材料、スイーツへの展開などにも使われている。農業国であるデンマークとスウェーデン南部では畜産が盛んで、豚肉を使った料理が多いが、他の国では、農耕に適していない土地でも育てることができる羊や山羊、森に生息する動物を使った料理が伝統料理となっている。先住民族であるサーミ人が住んでいるスウェーデン、フィンランド、ノルウェーのラップ地方ではトナカイの肉を使った伝統料理が存在する。北欧料理は、概して、素材の味を活かし、塩で味を整える料理が多い。乳製品でコクを出し、味のアクセントに酸味の強いベリーを用いることも特徴である。

北欧独特の食文化は健康を支える対象としてだけではなく、美食の対象としても改めて見直され、北欧のシェフは、伝統的な地元産の食材をベースに各国の料理に刺激を受けた革新的な料理を考案し、世界的に高く評価されている。

デンマーク料理

　北欧諸国で最も南に位置し、地理的にも平伏であるため、早くから開拓が進み、肥沃な土地の農業国である。農家の料理から発達し、豚や牛などの家畜を食用とし、燻製または塩蔵、ソーセージなど、自家製の長期保存食品を常時蓄えていた。牛は主に乳製品用に飼育された。野菜畑と果樹園を持つ農家が一般的で、冬中、保存ができる野菜や冬にも収穫できる野菜、いちご、ラズベリー、丸すぐり、黒すぐり、赤すぐりなどのベリー類やりんごなど、畑や庭で採れる食材を使った料理が多い。隣接するドイツ北部地方と食文化を共有している。基本の穀物はライ麦と大麦であるが、風車で粉を挽き、1ヶ月に一度、村の共同窯などでパンを焼いていたため、クリスプブレッドを食事に使う文化領域外である。粗挽きと細挽きの全粒ライ麦を組み合わせ、しっかりした食感のライ麦パンを常食する。サワー種による長期発酵で酸性度を高め、1ヶ月の保存を可能にしていた。魚介類も豊富で、燻製、塩漬けの加工品も多い。牡蠣、海老、オマール貝も特産である。鰊の燻製や塩漬けは1000年以上も続いている伝統で、今でも日常的にライ麦パンとのスモーブローとして食されている。

 ## アイスランド料理

　近くに潮境が存在する島国のアイスランドは、海産資源に恵まれており、漁業が国を支えてきた。しかし、火山国で肥沃な土地に恵まれず、北極圏に近く日照時間が少ないため、農業、漁業、狩猟に限界があり、何世紀にもわたって、厳しい自然環境を反映した質素な食事を維持した。今でも、アイスランドの食事の要素は、千年以上前の入植以来ほとんど変化していないと言われている。豊富な魚、新鮮な羊、独自の発酵乳スカイラーが国を代表する食材である。その健康的な食生活から世界有数の長寿国として名高い。現在は、地熱エネルギーを利用した温室で野菜も育てられている。かつては、鯨、アザラシなどの海獣類や海鳥の肉も貴重なタンパク源だった。薪の入手に限界があり製塩が難しかったため、肉や魚の保存には、その冷涼な気候を活かして、低い温度の煙で長期間いぶし続ける冷燻の技法が広く用いられてきた。また、発酵した乳清に浸ける手法も用いられた。入植以来、羊はなくてはならない存在で、羊毛は人々に暖を与え、羊肉は厳しい気候条件下で生き続けるための命綱だった。19世紀初頭までアイスランドでは穀物を手に入れるのが困難だったため、パン文化が存在しなかったことも独特の食文化である。

 ## スウェーデン料理

　スウェーデン南部は農業に適した土地であるため野菜畑と果樹園を持つ農家が一般的で、畑や庭で採れる野菜や果実が豊富である。乳牛や豚の飼育も行われてきた。一方、北部では、鹿やヘラジカなど森に生息する動物や、ジロール茸を始めとするきのこ類、ブルーベリーやコケモモ、ホロムイイチゴなどのベリー類など、森の恵みを食材として使う。比較的こってりした肉や魚の料理に甘味と酸味を複雑に含むコケモモを添える組み合わせは、スウェーデン料理として知名度の高いミートボール料理でも顕著であるが、スカンジナビア半島全域の伝統でもある。海や湖で捕獲できる魚介類を使った料理も多い。鰊や鮭のマリネもバラエティに富み、ディルを組み合わせることが多い。ザリガニは夏の風物詩である。伝統的なパンはクリスプブレッドだが、南部ではライ麦パンも焼かれている。細挽きのライ麦を使い、蜂蜜などを利用してパンを甘くすることで保存性を高めた点がデンマークと異なる。

 ## ノルウェー料理

　海の幸と森や野原の果実や動物を使った素朴な料理が多い。農耕に向いた土地が極端に少ないことから、近海で獲れる魚に依存した食生活が中心だった。干し鱈は何世紀にも渡って大西洋貿易を支える貴重な輸出品であった。現在は、鮭を世界に供給している。蟹や海老、ムール貝も特産である。鮭を塩・砂糖・ディルでマリネした料理はスモークサーモンと並んで輸出されているが、北欧全土で共有する伝統的な調理法である。漁師が獲れたての鮭を塩漬けにし、砂浜に埋めて軽く発酵させていた歴史を持つ。海岸沿いや山間部の放牧地で放牧されている羊や山羊を利用した乳製品や肉料理もノルウェー料理の特徴で、干し肉、塩漬け、ソーセージなどに加工して保存した。秋に収穫できる森のきのこや鹿、ヘラジカなどを使った伝統料理が多い。ジェニパーベリーで風味づけしたソースとコケモモのジャムを添える組み合わせは、隣国であるスウェーデン、フィンランドと共通する食文化である。ロミュと呼ばれる発酵乳は料理やスウィーツに多様に使われる。山羊乳を加熱して乳糖をキャラメル化したチーズも特産である。

 ## フィンランド料理

　ライ麦や大麦、燕麦といった自国で生産できる穀物を全粒で使用し、ブルーベリーやコケモモ、ホロムイイチゴなど、森でたっぷり採れるベリー類を愛用する。ホロムイイチゴは北部の特産である。乳製品も幅広く使われている。東部では伝統的に魚や肉を使った料理が多く、西部では野菜やきのこを使った料理が特徴と言われている。クリスプブレッドの他、パイ生地の主原料として使ったり、ベリーと一緒にお粥として煮込んだり、麦芽を発酵させて甘くしたライ麦粉を使った料理やパンなど、ライ麦を多様に使う文化を持つ。一方、フラットブレッド、クラッカー、新じゃがいもと湖で採れる魚卵をディルとバターで楽しむ料理、鰊料理、鮭や鱒を使った料理、ザリガニ料理、シナモンロールなどは、スウェーデンと食文化を共有している。

――――― 農業国として共通項が見られる国
――――― 地理的に共通項が見られる国
・・・・・・・・・ 自然環境に共通項が見られる国

第1章

Opskrifter
レシピ

※»—«※

北欧料理を作る

北欧で広く愛される一般的な家庭料理から
季節ごとの特別料理や伝統料理まで。
日本でも再現可能なレシピを厳選してご紹介します。

1

乳製品で始める朝ごはん

✳✳✳

Morgenmad med mejeriprodukter

朝食は、6時くらいから10時までにとる食事を指します。
週末や休暇中の朝食は遅い時間帯にとることが多く、
ご馳走感のある一品を取り入れ、ヒュッゲのひとときを楽しみます。
朝食には、ほぼ必ず、牛乳、発酵乳、バター、
チーズなどの乳製品が使われます。

Fynsk boghvedegrød

フュンスク ボウビデグロ

フュン島に伝わる蕎麦のミルク粥

北欧の食生活では、穀物を煮た粥が歴史的に重要な位置を占めています。
このミルク粥は、デンマークのフュン島に伝わる伝統的な粥です。

材料（3〜4人分）※写真は1人分

牛乳 …… 1ℓ
挽き割り蕎麦粉 …… 160g
塩 …… 小さじ1/2
＜トッピング＞
シナモンパウダー …… 大さじ2
砂糖 …… 大さじ2
バター …… 50〜75g

作り方

1 底の厚い鍋で牛乳を沸かす。牛乳が底に焦げつかないように、底からよくかき混ぜる。

2 沸いている牛乳をかき混ぜながら、挽き割り蕎麦粉を加える。火を弱めて蓋をし、弱火で45分ほど煮る。10分ほど煮た後、保温鍋や厚手の毛布に包んで1時間半ほど保温してもよい。塩で味を整える。

3 シナモンパウダーと砂糖を混ぜて、シナモンシュガーを作る。

4 冷たいバターとシナモンシュガーを添える。

Havregrød med rabarberkompot

ハワグロ メ ラバーバコンポート

オートミール粥——ルバーブのコンポートを添えて

オートミールの優しい甘さが特徴の粥です。手早く作れるので広く普及しています。

シェフのひとこと

- ルバーブのコンポートは作り置きができるので、多めに作ると便利ですね。冷蔵庫で保存できます。
- 冬にはりんご煮などを添えます。

材料(2人分)※写真は1人分

＜オートミール粥＞

オートミール …… 250㎖(75g)

牛乳(もしくは、水) …… 600㎖

塩 …… 小さじ¼

＜ルバーブのコンポート＞

ルバーブ …… 250g

　(葉を除いた茎のみの重量)

バニラビーンズ …… 1/4本分

砂糖 …… 75g

作り方

＜オートミール粥＞

1 オートミールと牛乳を鍋に入れて、底からゆっくり混ぜながら沸騰するまで加熱し、3分ほど煮る。

2 オートミールを塩で味を整え、ルバーブのコンポートを飾る。

＜ルバーブのコンポート＞

1 バニラの鞘に縦の切れ目を入れて開き、バニラビーンズをこそげ取り、砂糖と混ぜ合わせる。

2 ルバーブを1㎝幅に切って耐熱皿に加える。バニラビーンズ入りの砂糖と混ぜる。こそげ取った後のバニラの鞘も耐熱皿に入れる。

3 200℃に予熱したオーブンで、20分ほど加熱する。砂糖が溶け、ルバーブが柔らかくなったらオーブンから出す。バニラビーンズの鞘はコンポートを使う直前に取り出す。

29

パネケーエメ フリスケ ベア

Pandekager med friske bær

パネケーエ メ フリスケ ベア

薄焼きパンケーキ──フレッシュ・ベリーを添えて

薄焼きパンケーキは、週末の朝ごはん、ブランチ、ヒュッゲを
楽しむひとときに、そして、デザートとして使います。
ここでは、フレッシュなベリーをあしらいましたが、ジャムを添えてもおいしいですよ。

材料（3〜4人分・約6〜7枚分）※写真は2人分

＜薄焼きパンケーキ＞
卵 …… 2個
薄力粉 …… 125g
砂糖 …… 大さじ1
牛乳 …… 250㎖
バター …… 約50g（フライパン用）

＜あしらい＞
ラズベリー …… 250g
ブルーベリー …… 150g
蜂蜜もしくは砂糖 …… 約1/2カップ

作り方

1 薄力粉、砂糖、少量の牛乳を卵に加え、ダマができないように混ぜる。残りの牛乳を少しずつ加えながら混ぜ、なめらかな生地に仕上げる。生地を冷蔵庫で30分以上寝かせる。生地が硬くなったら、少量の牛乳（分量外）を加えてのばす。

2 直径25㎝のコーティングされたフライパンに入れたバターが黄金色に色づいてから、50㎖くらいの生地を流し、両面を数分ずつ、きれいな焼き色がつくまで焼く。

3 薄焼きパンケーキにフレッシュなベリーと蜂蜜を飾る。

イユーマ メ エーブルモス オ ロブロスドリュス

Ymer
med æblemos og rugbrødsdrys

イューマ メ エーブルモス オ ロブロスドリュス

発酵乳とりんご煮マッシュ
──ライ麦パンの甘いそぼろを添えて

発酵乳を使った朝ごはんは、手早く簡単に用意できます。

材料（4人分）※写真は1人分

発酵乳（無糖生乳ヨーグルトなど）
　　…… 800㎖

＜りんご煮マッシュ＞

酸味のあるりんご …… 750g

砂糖 …… 約100g

水 …… 約50㎖

（好みで）スターアニス …… 一個
　　もしくは、シナモンスティック …… 一本

＜ライ麦パンの甘いそぼろ＞

ライ麦パン …… 250g

バター …… 50g

黒糖 …… 大さじ1

ヘーゼルナッツ …… 50g

作り方

＜りんご煮マッシュ＞

1 りんごの皮をむき、くし形に切り、芯を取り除く。

2 りんごに砂糖を加え、強火で数分煮る。（りんごの甘さ次第で砂糖の量を調節する）

3 水を加え、好みでスターアニスを加える。蓋をして10分ほど、りんごが柔らかくなるまで弱火で煮る。

4 スターアニスを取り除き、泡立て器か木べらでりんごをマッシュする。

5 りんごが熱いうちに砂糖で甘みを調節する。粗熱をとる。

＜ライ麦パンの甘いそぼろ＞

1 ライ麦パンをフードプロセッサーでそぼろ状に砕く。チーズおろし器でおろしてもよい。

2 バターと黒糖をフライパンで溶かし、ライ麦パンのそぼろをカリカリに炒る。

3 刻んだヘーゼルナッツを加え、火から下ろし、クッキングシートに広げて粗熱をとる。

＜仕上げ＞

冷たい発酵乳にりんご煮マッシュとライ麦パンの甘いそぼろをかける。

シェフのひとこと

添えるくだものは、旬の果物を一口サイズに切ったり、コンポートにしたりして、お楽しみくださいね。

Byggrød med lun stikkelsbærkompot
ビュッググロ メ ルーン ステックルスベアコンポート

大麦ミルク粥——温かい丸すぐりのコンポートを添えて

挽き割り大麦で作る粥は伝統的なミルク粥ですが、最近、改めて注目されています。
ここでは、地元の大麦を使い、初夏に旬を迎える丸すぐりをコンポートに仕立てています。

フィンランドには、じゃが
いもと大麦粉を煮た粥
や、森で採れたベリーを
煮てライ麦粉を加えて
作る粥があります。

材料（2人分）

＜大麦ミルク粥＞

挽き割り大麦もしくは大麦フレーク
　　…… 1カップ（200㎖）
水 …… 300㎖
牛乳 …… 300㎖
塩 …… 小さじ1

＜丸すぐりのコンポート＞

バター …… 大さじ1
丸すぐり …… 250g
砂糖 …… 75g

作り方

＜大麦ミルク粥＞

1 底の厚い鍋に大麦、水、牛乳を入れて煮立て、弱火で5分ほど煮込む。

2 塩を加えて火を止め、15分ほど蓋をしたまま休ませる。

＜丸すぐりのコンポート＞

1 丸すぐりのへたを取り除く。

2 鍋にバターを溶かし、丸すぐりと砂糖を加え、沸騰させる。

3 火を弱め、丸すぐりに火が通るまで煮る。

＜仕上げ＞

温かい大麦粥に温かい丸すぐりのコンポートをのせる。

Ristet rugbrød
med blåskimmelsost og solbærsyltetøj

リステット ロブロ メ ブロスキンメルオスト オ ソールベアシュルテトイ

ライ麦パンのバタートースト——ブルーチーズと黒すぐりジャムをのせて

濃厚な味のブルーチーズは苦味も含んでいるので、甘いジャムがよく合います。
ライ麦パンをトーストすると、ライ麦の香りが引き立ち、日にちが経ったパンをおいしく食べることができます。

材料（2人分）

ライ麦パン …… 2枚
発酵バター …… 20g
ブルーチーズ …… 60g
黒すぐりのジャム（P.179）
　　…… 大さじ4

作り方

1 フライパンにバターを入れて溶かし、パンを両面こんがりと焼く。
2 パンが温かいうちにブルーチーズをのせ、ジャムをのせる。

コルヘーブデ ボラーメ スマア オスト オ ヨーベアシュルテトイ

Koldhævede boller
med smør, ost og jordbærsyltetøj
コルヘーブデ ボラー メ スマア オスト オ ヨーベアシュルテトイ

冷蔵発酵パン
——バター、チーズ、いちごのジャムを添えて

パン生地は、冷蔵発酵させると旨味が増します。
このレシピは、家庭のキッチンで簡単に作れます。
柔らかい食感のパンや北欧のクリスプブレッド『クネッケ』には、
冷たいバター、スライスしたチーズ、ジャムなどで楽しみます。

材料（約10個分）

<プチパン『ボーラ』>
水 …… 250㎖
生イースト …… 5g
　（グリーンピース一粒くらいの大きさ）
塩 …… 小さじ1
グラハム粉 …… 100g
強力粉 …… 約 250g

<つけあわせ>
有塩発酵バター
スライスしたチーズ
いちごジャム
好みでクネッケ

作り方

1 イーストを少量の水で溶き、残りの水と塩を加える。

2 グラハム粉を加え、生地を練ることができる柔らかさまで強力粉を加える。生地が少々べたつくくらいの水分量が望ましい。生地を硬くしすぎないこと。生地がつややかになり弾力が出るまで練る。

3 生地をボールに入れ、皿などを被せ、冷蔵庫で12時間から一昼夜ほど冷蔵発酵させる。

4 生地を10個に分け、プチパンに成形する。ポピーシードやごまの上に成形した生地の上側を下にしてトッピングをつける。クッキングシートを敷いた天板の上に並べ、1時間ほど休ませる。

5 オーブンを225℃に予熱する。天板を中段に入れ、蒸気を入れるか霧を吹き、15分ほど焼く。網の上で粗熱をとる。

北欧の朝ごはん

Morgenmad i Norden

　北欧では、朝食が重要な役割を担っています。多くの人が朝早く起き、仕事、乳幼児施設や学校に出かける前、忙しく過ごす一日のエネルギーを供給する必要があるからです。

　午前中、お腹が空いても、くだもの一切れ、または、パンを一口しか口にできないことが多いため、お昼までの時間を気持ちよく過ごすための朝食が必要なのです。

　朝食には、パンやオートミール粥、ミューズリー、コーンフレークといった穀物を、牛乳やチーズなどの乳製品と一緒に食します。

　お粥は温かいですし、パンはトーストしたりオーブンで温めたりできますが、一般的には朝食は火を通さない料理が多く、温かいお茶やコーヒーなどを添えます。また、ジュースやスムージーなどが加わることもあります。発酵乳、くだものなども朝の食材として使われています。

　平日は、朝食を準備する時間が限られており、多くの人が朝食をそれぞれの出勤・通学時刻に合わせた時間帯に単独で食します。週末や休暇には、朝食にパンを焼いたり、卵を茹でたり、ベーコンエッグやスクランブルエッグを作ったり、パンケーキを焼いたりなどご馳走感を取り入れ、ゆっくりと楽しみます。

　自家製のパンを焼くことは大切にされており、多くの人が好みの麦で焼いた自家製パンや焼き菓子を楽しみます。冷蔵発酵パンは、シャワーパンとも呼ばれており、これは一晩ほど冷蔵で発酵させたパン生地を、朝、シャワーを浴びている間に焼くことに由来します。朝食に焼きたてのパンを楽しむことができます。

北欧の特産物ライ麦の収穫直前の風景。北欧では、穀物メインの朝ごはんが主流です。全粒穀物を使った朝食が特徴的です。

　一般的な朝ごはんのスタイルです。精製されていないので腹持ちがよく、数分煮るだけで仕上がるので、忙しい平日の朝に重宝されています。年間を通じて作りますが、温かいので冬には特にほっこりします。

　発酵乳をトッピングで楽しむクイック朝ごはん。甘味と酸味が楽しめる人気の高い献立です。火を使わず、常備品だけで用意ができます。トッピングは、季節のくだものとグラノラやミューズリーなどの穀物ベースの組み合わせが一般的。後片付けも簡単です。

　火を使わず手早く用意できます。平日の朝にはマイルドなチーズとの組み合わせを好む人も多い。ジャムの代わりに蜂蜜を使うこともあります。コンパクトながら全粒ライ麦パンのおかげで腹持ちがよいのも嬉しい。
　時間のない朝にも重宝しますが、週末のゆっくり楽しむ朝ごはんの一品としても使えます。

　週末、朝ごはんをゆっくり楽しみたい時の定番メニュー。好みの麦で用意した自家製パンで迎える朝ごはんのひとときは、朝ヒュッゲの象徴です。

　週末、少し特別に過ごしたい時の朝ごはんに登場します。そんな時には、ライ麦パンとチーズの組み合わせと一緒にエッグスタンドに立てた半熟卵をスプーンですくいながら楽しみ、その後、パンケーキを楽しみます。ブランチの一品としても人気の高い一品です。

2

オープンサンドイッチ『スモーブロ』

✳ ✳ ✳

Smørrebrød

『スモーブロ』は、世界的に知られている料理です。
北欧では、日常的にはシンプルな形で昼食や夕食に食します。
お祝いの席やハレの食事では、
ご馳走感の高い材料をパンにのせ、
それぞれに合うトッピングを飾った美しいスモーブロを楽しみます。

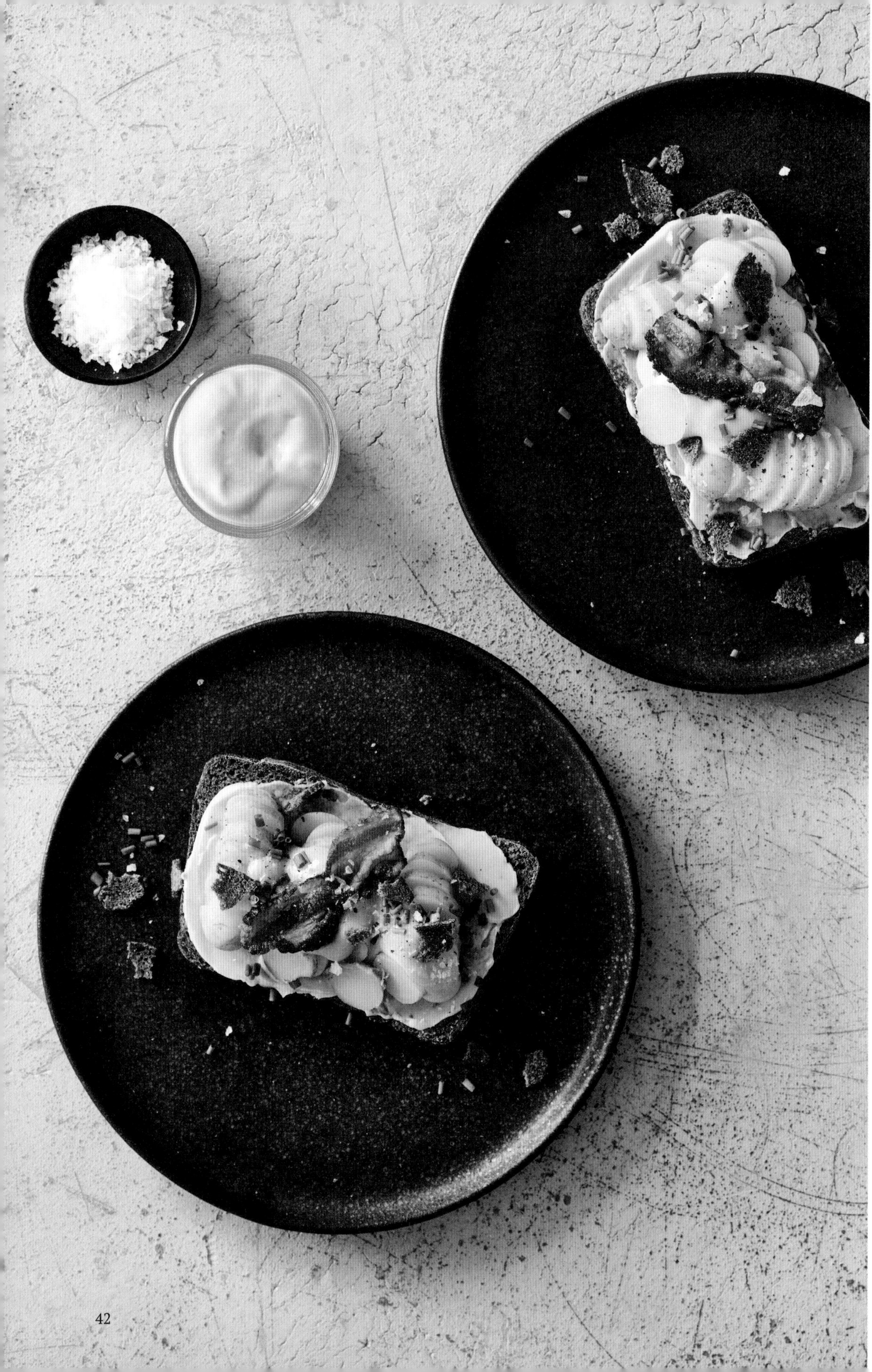

カトッフェルマド メ マヨネーズ オ ベーコン

Kartoffelmad
med mayonnaise og bacon
カトッフェルマド メ マヨネーズ オ ベーコン

じゃがいもスモーブロ
──マヨネーズとベーコンのトッピング

茹でたじゃがいもとパンの組み合わせは、季節を問わず供することができます。
じゃがいもにのせるトッピングは、季節に合わせた変化を楽しんでくださいね。

材料(2人分)

茹でじゃがいも(常温) …… 4〜6個
ライ麦パンの極薄スライス …… 2枚
　(焼いてから一日以上経過しているもの)
燻製ベーコン …… 2枚
油 …… 大さじ1
ライ麦パン …… 2枚
バター …… 20g
塩・胡椒 …… 適量
あさつき …… 適量

＜マヨネーズ＞
卵黄 …… 1個分
塩 …… ひとつまみ
ディジョン・マスタード …… 小さじ1
レモン果汁(もしくは、酢) …… 小さじ1
クセのない植物油 …… 100㎖

作り方

＜マヨネーズ＞

1 卵黄と塩を混ぜ、マスタードとレモン果汁を加える。

2 卵黄がもったりするまで、油を数滴ずつ加えながら泡立て器でよく混ぜる。

3 クリーム状になるまで油を細いリボン状に加えながら、混ぜていく。

4 マヨネーズが分離してしまったら、すぐに冷水を加えて、全体をよく混ぜる。

＜下準備＞

1 茹でじゃがいもを2、3㎜の輪切りにする。

2 極薄スライスにしたライ麦パンを、100℃のオーブン、もしくは油を敷いていないフライパンでカリカリに煎り、ライ麦パン・チップスに仕上げる。

3 コーティング加工のフライパンに油を加え、ベーコンを中火できれいな焼き色がつき、カリカリになるまで焼き、キッチンペーパーに移し、油分をとる。

＜仕上げ＞

1 パンにバターを塗り、じゃがいもの輪切りをパンにのせる。

2 マヨネーズをじゃがいもの上にたっぷりのせ、ベーコンを置く。

3 ライ麦パン・チップスを小さめに砕き、あさつきと一緒に飾る。塩と胡椒で味を整える。

ライ麦ドメ サラート トマート オ マヨネーズ

Rejemad
med salat, tomat og mayonnaise
ライヤマド メ サラート トメート オ マヨネーズ

海老・トマト・レタスのスモーブロ

北欧の夏を代表するおいしい組み合わせ。贅沢な一品です。

材料（2人分）※写真は1人分

<海老>
活バルト海老 …… 300g
　（茹でて殻をむいたもの …… 100g）
熱湯 …… 3ℓ
塩 …… 大さじ3
砂糖 …… 大さじ1

<マヨネーズ>
卵黄 …… 1個分
塩 …… ひとつまみ
ディジョン・マスタード …… 小さじ1
レモン果汁（もしくは、酢）…… 小さじ1
クセのない植物油 …… 100㎖

<その他>
パン・ド・カンパーニュなど …… 2枚
グリーンカールレタスなど …… 4枚
　（小さめのもの）
完熟トマト …… 100g
ディル …… 適宜
塩・胡椒 …… 適量
レモン …… 適宜

作り方

<海老>
1 塩と砂糖を加えた熱湯で海老をさっと茹で、ざるにあける。
2 粗熱がとれたら、海老の殻をむく。

<マヨネーズ>
1 卵黄と塩を混ぜ、マスタードとレモン果汁を加える。
2 卵黄がもったりするまで、油を数滴ずつ加えながら泡立て器でよく混ぜる。
3 クリーム状になるまで油を細いリボン状に加えながら、混ぜていく。
4 マヨネーズが分離してしまったら、すぐに冷水を加えて、全体をよく混ぜる。

<仕上げ>
1 レタスをパンの上に敷く。
2 海老とくし切りトマトを飾る。
3 マヨネーズをたっぷり飾り、ディルをあしらい、塩と胡椒で味を整える。
4 レモンを添える。

シェフのひとこと
活バルト海老は、新鮮な小えびで代用できます。

スチャーネスクド

Stjerneskud
Rødspættefilet med rejer og ørredrogn

スチャーネスクド──ロスペテフィレ メ ライヤ オ アーロン

平目のフィレと海老のコンビネーション・スモーブロ『流れ星』

夏の美味しい素材を組み合わせたご馳走感いっぱいのスモーブロです。
魚は、焼いたものと蒸したものを用意し、味の変化を楽しみます。

材料(2人分)※写真は1人分

<平目のフィレ>
平目(もしくはカレイなど)の三枚おろし
　　　…… 4枚
塩 …… 適量
胡椒 …… 適量
卵白 …… 1個分(卵黄はマヨネーズに利用)
パン粉(細目) …… 1/2カップ(100㎖)
バター …… 25g

<つけあわせ>
ロメインレタスもしくは
　　グリーンカールレタス …… 4枚
グリーンアスパラガス(太いもの) …… 4本
フレンチ・キャビア(ニジマスの卵)
　　…… 大さじ2
海老(塩茹でし剥いだもの) …… 50g

<マヨネーズ>
卵黄 …… 1個分
　　(卵白は平目のフィレに利用)
塩 …… ひとつまみ
ディジョン・マスタード …… 小さじ1
レモン果汁(もしくは、酢) …… 小さじ1
クセのない植物油 …… 100㎖

<その他>
パン・ド・カンパーニュなどのトースト
ディル …… 適宜
レモン …… 適宜

作り方

<つけあわせ>
1 アスパラガスの根元を折り、塩(分量外)を加えた水で、3分ほど歯ごたえがしっかり残る程度に茹でる。
2 水気をきる。

<マヨネーズ>
1 卵黄と塩を混ぜ、マスタードとレモン果汁を加える。
2 卵黄がもったりするまで、油を数滴ずつ加えながら泡立て器でよく混ぜる。
3 クリーム状になるまで油を細いリボン状に加えながら、混ぜていく。
4 マヨネーズが分離してしまったら、すぐに冷水を加えて、全体をよく混ぜる。

<平目のフィレ>
1 魚に塩と胡椒で調理する。
2 半量を耐熱皿に入れ、175℃に予熱したオーブンで、7分ほど、魚に火が通るまで焼く。
3 残りの半量は、溶いた卵白をくぐらせ、パン粉を両面につける。
4 フライパンを中火に熱し、バターが黄金色になるまで待ってから、魚を入れ、両面を2〜4分ずつ目安にきれいな焼き色がつくまで焼く。

<仕上げ>
1 レタスを皿に敷く。
2 オーブンで火を通した魚とフライパンで焼いた魚を、アスパラガスと一緒に盛りつける。
3 マヨネーズとフレンチ・キャビアを魚の上に飾る。
4 海老とディルをあしらう。レモンとトーストを添える。

シェフのひとこと
フレンチ・キャビアは、鱒いくらなどで代用できます。

マッカルサラート　ア　フリスク　ステクト　マッカル

Makrelsalat af frisk stegt makrel

マッカルサラート ア フリスク ステクト マッカル

鯖のフライパン焼きスモーブロ『鯖のサラダ』

日常的には『鯖のサラダ』缶を用い、薄切りにしたライ麦パン二枚で挟んで作ります。
ここでは新鮮な旬の鯖を使い、ご馳走感たっぷりに仕上げました。

材料（4人分）※写真は1人分

＜鯖のフライパン焼き＞
鯖 …… 一尾（もしくは三枚おろしを二枚）
　　 …… 約250g
オリーブオイル …… 大さじ2

＜トマトのコンポート＞
完熟トマト …… 250g
玉ねぎ …… 60g
オリーブオイル …… 大さじ1
青唐辛子 …… 1/3〜1/2個
砂糖 …… ひとつまみ
塩・胡椒 …… 適量

＜マヨネーズ＞
卵黄 …… 1個分
塩 …… ひとつまみ
ディジョン・マスタード …… 小さじ1
レモン果汁（もしくは酢） …… 小さじ1
クセのない植物油 …… 100㎖
にんにく …… 2片

＜その他＞
サワードゥ・ブレッド …… 4枚
ロメインレタス、グリーンカールレタス

＜トッピング＞
蕎麦の実 …… 大さじ2
オリーブオイル …… 大さじ1
フレーク塩 …… 少々

作り方

＜トマトのコンポート＞
1 トマトは角切りにする。
2 大きさを揃えて切った玉ねぎを鍋に入れ、オリーブオイルで透き通るまで炒める。
3 ごく薄切りにした青唐辛子を加える。
4 トマトを加え、時々混ぜながら、15〜20分煮込む。途中、水分が足りなくなったら、水（分量外）を少量加える。
5 砂糖、塩、胡椒で味を整える。コンポートの粗熱をとる。

＜マヨネーズ＞
1 卵黄と塩を混ぜ、マスタードとレモン果汁を加える。
2 卵黄がもったりするまで、油を数滴ずつ加えながら泡立て器でよく混ぜる。
3 クリーム状になるまで油を細いリボン状に加えながら、混ぜていく。
4 マヨネーズが分離してしまったら、すぐに冷水を加えて、全体をよく混ぜる。
5 塩と潰したにんにくで味を整える。

＜鯖のフライパン焼き＞＜トッピング＞
1 三枚に下ろした鯖の水気をふく。
2 コーティング加工のフライパンでオリーブオイルを温め、皮の方から中火で6分ほど焼く。
3 身を返し、反対側を1分ほど焼く。骨が残っていたら、焼いた後、ピンセットで骨を外す。
4 別のフライパンで、蕎麦の実を少量のオリーブオイルでカリカリに炒る。網の上で油を切る。

＜仕上げ＞
1 パンを1.5㎝厚にスライスし、マヨネーズとレタスをのせる。
2 トマトのコンポートを、スプーンで2、3杯分のせる。トマトのコンポートは温かくても常温でもよい。
3 鯖のフライパン焼きをその上に置く。
4 カリカリの蕎麦の実とフレーク塩を飾る。

Sommersalat
med rygeost
サマーサラート メ ロイエオスト

『夏のサラダ』スモーブロ
──夏野菜の燻製フレッシュチーズ和え
フレッシュチーズをさっと燻製したデンマークの伝統チーズで
夏野菜を和えた軽やかな一品です。

材料（4人分）※写真は2人分

フレッシュチーズの燻製（P.219）、
　　もしくはフロマージュブラン
　　…… 125g
サワークリーム、もしくはマヨネーズ
　　…… 150g
ラディッシュ …… 75g
きゅうり …… 125g
完熟トマト …… 100 g

あさつき（小口切り）…… 大さじ2
塩・胡椒 …… 適量
ライ麦全粒パン …… 4枚
バター …… 40g
グリーンカールレタス、ロメインレタスなど
　　…… 小さめのもの8枚
＜トッピング＞
あさつき …… 適宜

作り方

1 フィレッシュチーズとサワークリームをよく混ぜる。

2 ラディッシュは薄切り、きゅうりとトマトは小さな角切りにし、あさつきの小口切り
　を、1で和える。

3 塩と胡椒で味を整える。1、2時間置くと、なめらかな食感になる。

4 ライ麦パンにバターを塗り、レタスを敷いた上に、3で作った『夏のサラダ』を大さ
　じ山盛り2、3杯のせる。好みで、あさつきをあしらう。

52

Æggemad med tomat

エッゲマド メトマート

卵とトマトのスモーブロ

北欧では、おいしいトマトは夏の数ヶ月しか収穫できません。
トマトが旬でない時期には、卵だけで作るスモーブロもお勧めです。

材料（2人分）※写真は1人分

卵 …… 2 個
完熟トマト …… 2個
マヨネーズ …… 大さじ4〜5
フレッシュチーズの燻製もしくは
　フロマージュ・ブラン …… 大さじ2
ライ麦全粒パン …… 2枚

バター …… 20g
グリーンカールレタス …… 4〜8枚
塩・胡椒 …… 適量
胡椒草、もしくは、あさつきの小口切り
　…… 大さじ2

作り方

1　卵を8分ほど半熟に茹でる。殻をむき、薄い輪切りにする。トマトも同じくらいの厚さの輪切りにする。

2　マヨネーズをフレッシュチーズの燻製と混ぜる。

3　ライ麦パンにバターを塗り、レタスを敷いた上に、卵とトマトを交互にのせる。

4　マヨネーズを飾り、塩と胡椒で味を整える。

5　胡椒草をあしらう。

スキンケメ　グロンセイヤイ　センネップスクレーム

Skinke med grønsager
i sennepscreme

スキンケ メ グロンセイヤ イ センネップスクレーム

ハムとマスタード・クリームで和えた
野菜のスモーブロ

北欧では、薄くスライスしたハムをパンにのせて食べることが日常的です。
ここでは、天日干しの燻製ハムと野菜のマスタード・クリーム和えを組み合わせました。

材料（4人分）※写真は3人分

＜野菜のマスタード・クリーム和え＞
にんじん …… 140g
グリーンピース（鞘から外したもの）
　　　　…… 200㎖
マヨネーズ …… 約130g（右レシピ参照）
ディジョン・マスタード …… 小さじ1
　（省くこともできます）
塩・胡椒 …… 適量

＜マヨネーズ＞
卵黄 …… 1個分
塩 …… ひとつまみ
ディジョン・マスタード …… 小さじ1
レモン果汁（もしくは酢） …… 小さじ1
クセのない植物油 …… 100㎖
＜その他＞
生ハム（天日干しの燻製） …… 薄切り8枚
ライ麦全粒パン、もしくは
　　パン・ド・カンパーニュ …… 4枚
グリーンカールレタス、ロメインレタスなど
　　　　…… 4〜8枚
サラダ玉ねぎ …… 50g

作り方

＜マヨネーズ＞

1　卵黄と塩を混ぜ、マスタードとレモン果汁を加える。

2　卵黄がもったりするまで、油を数滴ずつ加えながら泡立て器でよく混ぜる。

3　クリーム状になるまで油を細いリボン状に加えながら、混ぜていく。

4　マヨネーズが分離してしまったら、すぐに冷水を加えて、全体をよく混ぜる。

＜野菜のマスタード・クリーム和え＞

1　にんじんをグリーンピースと同じくらいの角切りにし、2、3分茹で、グリーンピース
　　を加えたら、すぐにザルに空け、粗熱をとる。

2　マヨネーズとマスタード、塩、こしょうで味を整え、粗熱がとれた野菜を和える。

＜仕上げ＞

1　パンにレタスとハムをのせ、その上にマスタードソースで和えた野菜大さじ山盛り
　　一杯ほどのせる。

2　玉ねぎの薄切りをあしらう。

シェフのひとこと
- サラダ玉ねぎは、辛みの少ない玉ねぎや、辛みを抜いた玉ねぎで代用できます。
- 薄くスライスした茹でハムでもおいしく作れます。

シルマド

56

Sildemad

シルマド

鰊のマリネは、北欧諸国共通の伝統料理です。ここでは、ライ麦パンを合わせていますが、クリスプブレッドを添えてもおいしいです。

鰊のマリネのスモーブロ

鰊は北欧で長い歴史を持つ魚です。
鰊のマリネは、ランチとして、そして、クリスマスや復活祭などのハレの日に、
ハーブなどで香りづけした蒸留酒『シュナップス』と一緒に楽しみます。

材料（4人分）※写真は1人分

鰊のマリネ（水気を切ったもの）
　…… 約200g（下記レシピ参照）
茹でじゃがいも（常温）…… 200g
ライ麦全粒パン …… 4枚
バター（室温に戻したもの）…… 30g

サワークリーム …… 大さじ4
玉ねぎ …… 100g
ディル …… 適宜
黒胡椒 …… 適量
ヤマモモ風味のシュナップス …… 適宜

作り方

1 鰊のマリネの水気を切る。
2 茹でじゃがいもを輪切りもしくはくし形に切る。
3 ライ麦パンにバターを塗り、鰊とじゃがいもを並べ、サワークリームを飾る。
4 玉ねぎの薄いスライス、ディルをあしらい、好みで胡椒を挽く。
5 好みで、シュナップスを添える。

鰊のマリネ〈簡易版〉

材料（作りやすい分量）

鰊の切り身（三枚おろし）…… 350g
8％の塩水 …… 200〜300㎖
玉ねぎ …… 50g
＜マリネ液＞
酢 …… 100㎖
水 …… 75〜100㎖
砂糖 …… 25g
胡椒（粒）…… 2〜3粒
ローリエ …… 1枚

作り方

1 鰊の切り身を塩水に一晩漬ける。
2 マリネ液の材料を鍋に入れ、ひと煮立ちさせて火を切り、常温になるまで冷ます。
3 塩漬けにした鰊をさっと洗って水気をふき切り、2cm幅に切り、保存容器に入れる。
4 玉ねぎを薄くスライスし、鰊の上に並べる。
5 冷ましたマリネ液を4にかけ、数時間もしくは翌日まで漬ける。

シェフのひとこと

北欧では、鰊の切り身は6ヶ月ほど塩漬けにします。塩にしんを三枚におろし、一晩もしくは一昼夜塩抜きをしたものでも代用できます。

シルサラートメロベーダ

Sildesalat med rødbeder

シルサラート メ ロベーダ

鰊のマリネとビーツのスモーブロ

この一品は、ビーツやきゅうりのピクルスを多用するロシア料理に影響を受けています。

材料（4人分）※写真は2人分

鰊のマリネ（水気を切ったもの）
…… 2枚（約150g）（P.57参照）
ビーツのピクルス（水気を切ったもの）
…… 250g（下記レシピ参照）
きゅうりのピクルス（水気を切ったもの）
…… 50g（下記レシピ参照）
サワークリーム …… 200g
ディジョンマスタード …… 大さじ2

西洋わさび（おろしたもの）
…… 大さじ2〜3（約25g）
りんご（赤い皮のもの、生もしくは
さっと茹でたもの）…… 100g
セロリ …… 2〜3本
紫玉ねぎ …… 50g
塩・胡椒 …… 適量

<パン>
ライ麦全粒パン …… 4枚
<あしらい>
セロリの葉

作り方

1 鰊のマリネを1.5cm角に切る。ビーツときゅうりのピクルスを、鰊と同じ大きさに切る。
2 サワークリームとマスタード、おろしたての西洋わさびを混ぜる。
3 1と小さな角切りにしたりんごとセロリ、紫玉ねぎのみじん切りを2で和え、塩と胡椒で味を整える。
4 3をライ麦パンの上にのせ、セロリの葉をあしらう。

ビーツのピクルス

材料（作りやすい分量）

ビーツ（生）…… 500g
りんご酢 …… 250㎖
水 …… 125㎖
砂糖 …… 125g
クローブ …… 3〜4粒

ローリエ …… 2〜3枚
西洋わさび
…… 長さ2,3cm（約35g）
塩 …… 大さじ1/2

作り方

1 ビーツにかぶるくらいの水で45〜60分を目安に茹でる。竹串がすっと通ればよい。
2 茹でこぼし、冷水を注ぐ。葉がついていた部分と根元を切り取り、皮をこするようにしてむく。適当な大きさ、もしくは5mm厚の輪切りにし、保存用のガラス瓶に入れる。
3 酢、水、砂糖を、クローブ、ローリエ、皮をむいた西洋わさび、塩と一緒に鍋に入れ、5分ほど煮る。煮汁を保存容器に入れたビーツに加える。3日間ほど味をなじませる。4日目から使え、冷蔵庫で一ヶ月ほど保存できる。

きゅうりのピクルス

材料（作りやすい分量）

ピクルス用きゅうり
…… 500〜600g
塩 …… 大さじ1

<ピクルス液>
水 …… 50㎖
酢 …… 250㎖
砂糖 …… 150g
マスタードシード …… 小さじ1
ディルの花 …… 傘一つ
（もしくはディルシード小さじ2）

作り方

1 きゅうりを縦割りにし、種を取り除く。1cm厚に切り、塩をふる。重石をして2、3時間ほどおいて、水気を除き、保存容器に入れる。
2 ピクルス液を一煮立ちさせ、砂糖が溶けたら、40℃まで冷めるのを待ち、きゅうりが入った保存容器に加える。最低で一昼夜ほど味をなじませる。冷蔵庫で一ヶ月ほど保存できる。

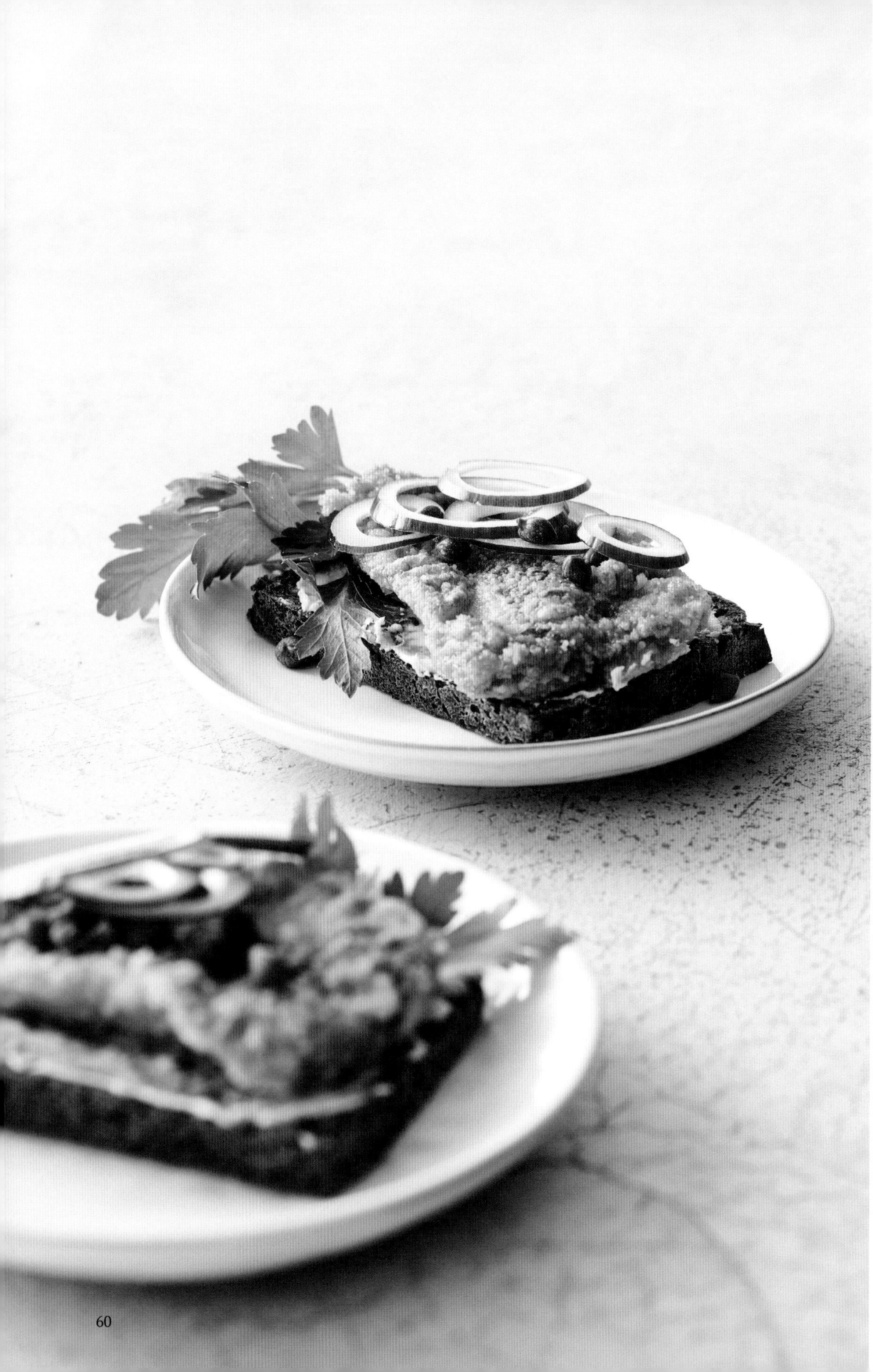

ステクト シル イ エディケレイ メ ロドロイ

Stegt sild i eddikelage med rødløg

ステクト シル イ エディケレイ メ ロドロイ

甘酢マリネの鰊スモーブロ

フライパンで焼いた鰊は、夕食に使えます。その際、多めに鰊を焼いて甘酢マリネの鰊を作っておくと便利です。
このスモーブロは、常温でも温かい一品としても供せます。クリスマスを迎える時期に開かれる
「クリスマス・ランチ」と呼ばれる年忘れの会にも数ある献立の一品としてよく使われます。

材料（4人分）※写真は2人分

＜鰊のフライパン焼き＞
鰊（三枚におろしたもの）…… 4枚
ライ麦全粒粉 …… 1/2カップ（50㎖）
バター …… 50g
塩・胡椒 …… 適量

＜甘酢マリネ＞
りんご酢 …… 200㎖
りんごジュース（もしくは水）…… 100㎖
砂糖 …… 100g
ローリエ …… 2枚
白胡椒（粒）…… 小さじ1
オールスパイス（粒）…… 5〜8粒

＜その他＞
ライ麦全粒パン …… 4枚
バター（室温に戻したもの）…… 約30g
紫玉ねぎ …… 50g
ケッパー（水気を除いたもの）…… 大さじ2
イタリアンパセリ …… 4本

作り方

＜鰊のフライパン焼き＞
1 鰊の身をさっと冷水で洗って残った鱗を除く。
2 背鰭をハサミで切り取り、小骨を除く。
3 鰊の両面に、塩と胡椒を加えたライ麦粉をしっかりとはたく。
4 コーティング加工のフライパンにバターを溶かし、皮目を下にして鰊を中火で3分ほど焼く。
5 鰊を裏返して反対側を3分ほど焼く。

＜甘酢マリネ＞
1 りんご酢とりんごジュースを煮立てる。
2 香辛料と砂糖を加え、砂糖が溶けるまで、もう一度、煮立てる。
3 甘酢の粗熱がとれたら、鰊のフライパン焼きを甘酢に加える。
4 冷蔵庫で三時間以上、できれば翌日まで漬ける。

＜仕上げ＞
1 ライ麦パンにバターを塗る。
2 鰊のマリネの水気を切り、ライ麦パンにのせる。
3 薄切りにした紫玉ねぎ、ケッパー、パセリを飾る。

シェフのひとこと
ライ麦全粒粉は小麦粉、りんご酢は米酢や穀物酢で代用できます。

ペパア アッペルシン グラヴァド アーメ レウソウス

Peber appelsin gravad ørred
med rævesovs

ペバア アッペルシン グラヴァド アー メ レウソウス

鱒の胡椒・オレンジマリネのスモーブロ
──ディル風味マスタード・ドレッシングを添えて

スウェーデン、ノルウェー、フィンランドでは、河川で鱒が釣れます。
釣りたての鱒はマリネして、甘みの強いマスタード・ドレッシングに
たっぷりのディルを加えて供します。

材料（約10人分）※写真は1人分

＜鱒のマリネ＞	＜マスタード・ドレッシング＞
鱒の切り身（皮付き・骨を除いたもの）…… 500g	卵黄 …… 2個分
塩 …… 50g	ディジョン・マスタード …… 大さじ2
砂糖 …… 25g	白ワイン・ビネガー …… 大さじ1
粗挽き、もしくは砕いた胡椒 …… 小さじ2	黒糖 …… 大さじ1 1/2
オレンジ …… 大1個（約200g）	クセのない植物油 …… 大さじ3
	ディル …… 適量
	＜その他＞
	パン・ド・カンパーニュもしくは サワードゥ・ブレッド …… 10枚
	バター …… 100g
	グリーンリーフレタス・フリルレタス・ サラダ菜など …… 20枚（小さめのもの）

作り方

＜鱒のマリネ＞

1 皮目を下にしてバッドに置いた鱒に何箇所か竹串を刺す。

2 塩・砂糖・胡椒、すりおろしたオレンジの皮を混ぜたものを鱒に擦りつける。

3 バッドに蓋をするか、ラップをかけて冷蔵庫で一昼夜ほどマリネする。

4 オレンジの果汁をかける。

5 鱒を斜めに薄くスライスする。冷蔵庫で2〜3日間保存できる。

＜マスタード・ドレッシング＞

1 ボウルに、卵黄、マスタード、ビネガー、黒糖を合わせてよく混ぜる。

2 油を少しずつ加えて、クリーム状のソースを作る。

3 最後にディルのみじん切りをたっぷり加える。

＜仕上げ＞

1 1.5cm厚にスライスしたパンに室温に戻しておいたバターを塗る。

2 レタス、鱒のマリネの順にパンにのせる。

3 マスタード・ドレッシングをかける。好みで、ディルをあしらってもよい。

鱒や鮭のマリネも北欧諸国共通の伝統料理です。ディルでのマリネは古典的ともいえる手法です。

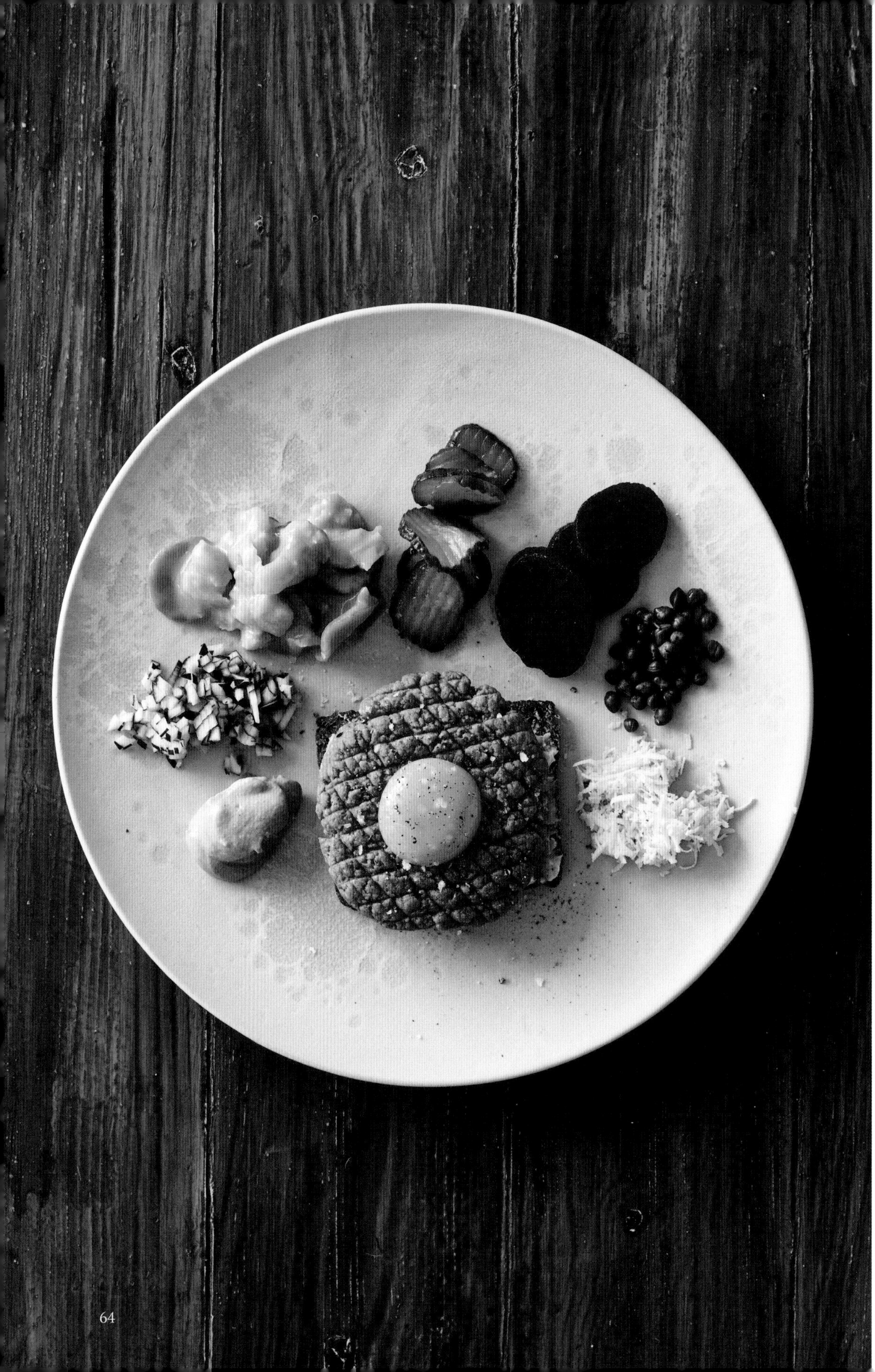

リューブマド

Løvemad
Tatar med det hele
リューブマド──タター メ デ ヘーレ

『ライオンごはん』スモーブロ
──タルタルステーキ・スモーブロ

タルタルステーキは、上質な赤身の牛もも肉で作る生肉料理です。
肉は新鮮でなければならないので、食べる直前に挽くのが理想です。
ここで紹介しているのは、北欧式のタルタルステーキです。
フランスやベルギーでは、タルタルステーキに副材料を混ぜ込みますが、
北欧では、副材料をつけあわせとして添えます。

材料（2人分）※写真は1人分

タルタルステーキ用牛生肉（二度挽き）
　　…… 150〜200g
ライ麦全粒パン …… 2枚
バター …… 15g
卵黄（生食用）…… 2個
西洋わさび（すりおろし）…… 大さじ2
紫玉ねぎ（みじん切り）…… 大さじ2

ケッパー …… 小さじ4
ビーツのピクルス（p.59）…… 6枚
きゅうりのピクルス …… 8〜10枚
　（レシピp.59）
マスタード・ピクルス …… 大さじ3
ディジョン・マスタード …… 大さじ1
塩・胡椒 …… 適量

作り方

1 タルタルステーキ用の牛肉を二つに分け、それぞれをステーキ型に成形する。
2 表面に格子状にナイフで模様をつける。
3 ライ麦パンにバターを塗り、タルタルステーキをのせる。
4 タルタルステーキの真ん中に卵黄をのせる。
5 タルタルステーキステーキの周りに、西洋わさび、紫玉ねぎ、ケッパー、ビーツのピクルス、きゅうりのピクルス、マスタード・ピクルス、マスタードを飾る。
6 塩と胡椒で味を整える。

ルーン レバーポスタイメ シュルテ デ アグアカ

Lun leverpostej
med syltede agurker

ルーン レバーポスタイ メ シュルテデ アグアカ

温かいレバーパテのスモーブロ
——きゅうりのピクルスを添えて

レバーパテは、デンマークの国民的なスプレッド（パンに塗って食するもの）です。
デンマークは、かつて、イギリスにベーコンを大量に輸出していました。
国内には豚レバー肉が残ったため。
レバーパテを食べることが普及したと言われています。

材料（作りやすい分量・約15人分）※写真は1人分

豚レバーと豚背脂の粗挽き …… 500g
　（うち、背脂の分量 …… 125g～250g）
バター …… 25g
小麦粉 …… 大さじ3
牛乳 …… 250㎖
卵 …… 2個
塩 …… 小さじ2
胡椒 …… 適量
オールスパイス・パウダー …… 小さじ1

タイム …… 2～3枝
玉ねぎもしくはエシャロット（すりおろし）
　…… 50g
アンチョビ・フィレ（みじん切り）
　…… 3～4枚

＜つけあわせ＞
グリーンリーフレタス …… 適量
きゅうりのピクルス（p.59）…… 適量
ライ麦全粒パンもしくはパン・ド・カンパーニュ
　…… 適量

作り方
＜レバーパテ＞

1 ホワイトソースを作る。鍋にバターを入れ、中火で溶かす。

2 小麦粉を加えて、バターになじませるように混ぜる。

3 牛乳を少しずつ加え、その度に、泡立て器で混ぜながら、なめらかなソースを作る。

4 木べらで混ぜながら、弱火で5分ほど煮て、粗熱をとる。

5 豚レバー、背脂、卵、塩、胡椒、香辛料、玉ねぎ、アンチョビをよく混ぜ、ホワイトソースを加える。

6 レバーパテの種を、油を塗った耐熱皿に流す。

7 湯せん焼きにするので、耐熱皿をバットにのせ水を2～3㎝の高さまで注ぐ。

8 175℃のオーブンで1時間ほど焼く。中心温度が85℃になればよい。ナイフをパテの中心に刺して、唇に当てた時に熱いと感じるのを目安としてもよい。

＜仕上げ＞
パンに温かいレバーパテをのせ、レタスときゅうりのピクルスを飾る。

シェフのひとこと
- 背脂の割合は、全体の1/4以上1/2以下で配合してください。仔牛レバーでも美味しく作れます。
- 常温でもおいしいレバーパテです。レバーパテの匂いが苦手な方は、常温で召し上がってみてください。
- 一人分の耐熱皿にレバーパテを用意し、焼きたてを耐熱皿ごと供することもできます。

オストマド

Ostemad

オストマド

チーズ・スモーブロ

スライスしたチーズとパンは、北欧の日常的な組み合わせです。
スモーブロをいくつか組み合わせて献立を組むときには、
チーズ・スモーブロはいつも最後に選びます。

材料（4人分）

パン・ド・カンパーニュなどのパンやライ麦パン …… 4枚

バター（常温に戻したもの）…… 約30g

デンマーク産（セミ）ハードチーズ
　　中期熟成のもの（エルボー、ダンボーなど）…… 125〜200g

新鮮なラディッシュ（もしくはグリーンカールレタス）…… 4〜8個／枚

作り方

1 パンにバターを塗る。

2 サラダを使う場合は、バターを塗ったパンの上に重ねる。

3 チーズを1〜3mmにスライスする。厚みは味によって決める。

4 ラディッシュを飾る。

シェフのひとこと

- チーズは供する2、3時間前に冷蔵庫から出しておきましょう。味に深みが出ますし、食感にもクリームのような柔らかさが加わります。

- チーズ・スモーブロは、朝昼晩いつでも食べることができます。たいていの場合、手に持って食べます。

- チーズ・スモーブロは、他のスモーブロよりも日持ちします。

普段のスモーブロと
特別な日のスモーブロ

Smørrebrød til hverdag og fest

『スモーブロ』は、世界的に知られている料理です。北欧では、普段、シンプルな形で昼食や夕食に食します。お祝いやハレの席では、ご馳走感あふれる材料をパンにのせ、それぞれに合うトッピングを飾った美しいスモーブロを楽しみます。

『スモーブロ』を訳すと「バターを塗ったパン」です。北欧の人が「ごはん」と言う時、それは、一組のスモーブロを指します。基本のスモーブロは、パンにバター、豚脂や鴨脂、マヨネーズを塗ったパンです。その上には、おかず的な食材やトッピングをのせ、基本的には常温で供します。

その昔、スモーブロは間食として扱われていました。それは、たいていパンにバターなどの油脂を塗ったもので、おかずとなる食材は用いませんでした。

1900年代、昼食にパン二枚で何かを挟んだ弁当を持参することが一般的となりました。同時代、デンマークでは、食材を重ねて飾るタイプのスモーブロが生まれました。このスモーブロは、特に集会や芝居の後など、レストランで供される食事として人気を集めました。食材を重ねて飾るタイプのスモーブロは、外食する時のごちそうとして扱われ、家庭でもスモーブロ専門店から仕出しを頼みました。北欧料理として有名なスモーブロは、デンマークで特別な歴史が培われました。スモーブロは、主に昼食として食しますが、夕食として用いることもでき、デンマーク人の夕食献立トップ10の常連となっています。

スウェーデンでは、「スモーガスボード」と呼ばれる伝統があります。これは、ビュッフェ形式の食事で、最初に鰊料理が出され、その後、何品かの常温の料理が北欧のクリスプ・ブレッド「クネッケ」とともに供されます。その後、温かい料理、スウェーデン風チーズケーキなどのデザートと続きます。

普段のスモーブロ

スモーブロは、クオリティの高い食材を組み合わせることで簡単に作ることができ、シンプルながらも充実した献立です。パンにスプレッドを塗り、おかずとなる食材とトッピングをのせるという組み合わせですが、クオリティの高い素材を選ぶことで素晴らしい味に仕上がります。丁寧に焼かれたライ麦全粒パンに厳選された素材のソーセージ、または、茹でじゃがいものスライスにあさつきなど、毎日の食事には十分な内容が用意できます。前日のおいしい夕食の残りをパンの上にのせて食べて

もおいしいですよ。

特別な日のスモーブロ

スモーブロは、選り抜きの食材から組み合わせ、ご馳走感あふれる料理に仕立てることもできます。とりわけ、作りたてのものを、大仰な量ではなく、ちょうどよい量がバランスよく盛り付けられていると、高揚した気持ちになります。

スモーブロは、前菜としても立派な一品になりますが、スモーブロを何種類か組み合わせた献立を作ることもできます。献立を用意する場合、おかずの要素があるものを異なる素材で選ぶことが大切です。通常、魚から始めますが、数種類のものを用意する時には、鰊の一品を最初に供します。魚の後は、野菜、家禽類、肉や肉加工品の順に用意します。素材にも変化をつけますが、素材の調理法も、マリネ、燻製、生、茹でたもの、焼いたものといった異なるタイプを選びます。昼食時の立派な正餐の場合、ビールやシュナップス、ワインなどと合わせて楽しみます。そして最後にコーヒーで締めくくります。デザートが供されることもあります。

外食関係のスモーブロは、ここ10年で格段にクオリティが上がりました。素晴らしいスモーブロ・レストランやスモーブロをメニューに入れているレストランで、伝統的なものやモダンにアレンジされたものが楽しめます。

しかし、スモーブロを美しくおいしく作ることは難しいことではありません。どうぞ、ご家庭のキッチンでお作りになってみてください。

コペンハーゲンの観光名所ニューハウン。スモーブロのレストランがたくさん並んでいます。

普段のスモーブロ

単品を用意します。ワンプレートに、2、3種類を組み合わせることもあります。いずれも手早く用意できることがメリットです。

特別な日のスモーブロ

コース仕立てで用意します。テーブルに盛り沢山の料理を並べますが、銘々が一品ずつ皿にとり、ゆっくり味わい会話を楽しみながら食事をします。一品を食べ終わると次の一品を楽しみます。

3

スープ・サラダ・卵料理・野菜料理

✳ ✳ ✳

Suppe, salater, ægge- og grønsagsretter

この章では、比較的、軽い料理を集めました。
季節を楽しむ料理を中心に、年中通じて作れる料理もご紹介しています。
ほとんどの料理は、普段の食事として供せますが、
前菜として、ビュッフェ形式の食事の一部として、
特別な日の料理の一品としても使えます。

アスパラガス メ ホランデーズソウス メ コダーウアタ

Asparges med hollandaisesovs
og krydderurter

アスパラガス メ ホランデーズソウス メ コダーウアタ

ハーブたっぷりのオランデーズソースをかけたアスパラガス

アスパラガスは、春や初夏のごちそう食材です。北欧では、4月下旬から6月下旬まで楽しめます。
白いアスパラガスは、特に贅沢な食材として扱われています。

材料（4人分）※写真は1人分

ホワイトアスパラガス …… 12本
グリーンアスパラガス …… 12本

＜ハーブたっぷりのオランデーズソース＞

バター …… 200g
卵黄 …… 4個分
レモン果汁 …… 大さじ2〜3
塩 …… 適量
白胡椒 …… 適量
あさつき …… 適量
チャービル（セルフィーユ）…… 適量
バジル …… 適宜
エストラゴン …… 適宜

＜茹でじゃがいも＞

小さめの新じゃがいも
　　…… 600g（約1/2カップ）

作り方

＜茹でアスパラガス＞

1 ホワイトアスパラガスは、穂先より下の皮をピーラーで剥く。アスパラガスの根元の部分は折ってとり除く。

2 たっぷりの湯を沸かし、塩を加え、アスパラガスを歯ごたえが残るように少し固めに茹でる。アスパラガスをざるに上げて水気を切る。

3 茹でたてのアスパラガスとじゃがいもに、温かいオランデーズソースをかける。

＜茹でじゃがいも＞

鍋に湯を沸かし、塩（分量外）を加え、皮付きのじゃがいもを竹串がすっと通るまで茹でる。茹で上がったじゃがいもの皮を小さな皮むきナイフなどでむく。

＜ハーブたっぷりのオランデーズソース＞

1 あさつきを小口切り、その他のハーブはみじん切りする。

2 鍋に入れたバターを弱火で溶かし、キッチンペーパーなどで濾して澄ましバターを作る（濾さずに、鍋から直接上澄みだけ使ってもよい）。

3 別の鍋に卵黄を入れ、レモン果汁と塩を加えてよく混ぜ、弱火にかける。泡立て器で卵黄がもったりとクリーム状になるまでしっかり攪拌する。鍋を火から下ろす。

4 澄ましバターを数滴ずつ加えていき、途中から細い筋状に加える。ソースが70℃を超えると分離してしまうため、70℃を超えないように注意しながら混ぜる。

5 塩、胡椒、レモン果汁、ハーブのみじん切りで味を整える。ソースは出来立ての温かいものを用意する。

Aspargessuppe

アスパラガスソップ

アスパラガスのポタージュ

北欧の初夏を代表するごちそうスープです。

材料（前菜で4人分）※写真は1人分

ホワイトアスパラガス …… 500g
チキンブイヨンもしくは
　　野菜ブイヨン …… 600㎖
生クリーム …… 100㎖
卵黄 …… 4個分
レモン果汁 …… 小さじ2
塩 …… 適量
白胡椒 …… 適量
チャービル（セルフィーユ）…… 適量
＜つけあわせ＞
フレーク塩プチパンなど

作り方

1 ホワイトアスパラガスは、穂先より下の皮をピーラーで剥く。アスパラガスの根元の部分は折って、2の作業用に取り分けておく。

2 アスパラガスの根元を10分ほどブイヨンで茹でた後、取り除く。この作業で、アスパラガスの風味がより深くなる。

3 アスパラガスを3㎝くらいの長さに切り、穂先の部分は別にしておく。根元を茹でたブイヨンで、少し硬めに茹でる。アスパラガスの穂先以外をミキサーにかけ、なめらかなポタージュにする。

4 ポタージュを鍋に戻し、アスパラガスの穂先を加え、3分ほど煮る。

5 ボウルで生クリームと卵黄とレモン果汁を混ぜ、それをお玉1杯くらいの熱いポタージュでのばし、混ぜながら鍋に戻す。

6 ポタージュを混ぜながら沸点近くまで温める。一煮立ちさせないこと。スープにとろみがつきすぎた場合、熱々のブイヨンもしくは湯を足して、とろみを調節する。

7 塩・胡椒で味を整える。

8 チャービルをあしらい、パンを添える。

Kartoffelpizza med rugbund og ramsløg

カトッフェルピッザ メ ロボン オ ラムスロイ

ライ麦生地のじゃがいもピザ——葉にんにくの香りを添えて

じゃがいもは、北欧の食文化に根付いている基本食材ですが、
近年、このピザのように今までとは異なる形で用いることにも注目されています。

シェフのひとこと
- パルメザンチーズは、一般的なシュレッド・チーズでも代用できます。
- ドライイーストを使う場合、1/3量を目安にしてください。

材料（4人分）※写真は1人分
＜ライ麦入りピザ生地＞
天然酵母の生イースト …… 25g
ぬるま湯 …… 450㎖
塩 …… 大さじ1
オリーブオイル …… 50㎖
ライ麦全粒粉 …… 150g
強力粉 …… 約550g
＜トッピング＞
じゃがいも …… 約650g
オリーブオイル …… 50㎖
塩 …… 適量
パルメザンチーズ …… 100g
葉にんにく（もしくは、あさつき）
黒胡椒 …… 適量

作り方
＜ライ麦入りピザ生地＞
1 p.37の作り方1～2を参照してピザ生地を用意し（オリーブオイルも加える）、常温で45分ほど発酵させる。
＜トッピング＞
1 薄くスライスしたじゃがいもを冷水ですすぎ、水気を除いて、オイルと塩をまぶす。
2 発酵した生地をもう一度こねる。オーブンを250℃に余熱設定する。
3 捏ね台にライ麦粉を薄くひき、四つに分けた生地を、それぞれ直径35cmの円に成形する。
4 ピザ生地をクッキングシートの上に置き、半量のチーズを生地の上にのせる。
5 チーズの上にじゃがいものスライスを並べ、残りのチーズをのせる。
6 オーブンで一枚ずつ、きれいに色づきカリッとするまで焼く。
7 粗みじん切りにした葉にんにくをあしらい、胡椒で味を整える。

77

グロンアータソツプ メ フリューデスコム オ ミュンテ

Grønærtesuppe
med flødeskum og mynte
グロンアータソップ メ フリューデスコム オ ミュンテ

グリーンピースのポタージュ
──ミント風味のホイップクリームを添えて

グリーンピースは未熟なえんどうの種子で、生豆は夏の最中に収穫しますが、
冷凍グリーンピースは、年中、入手できます。
このスープは、温かいスープとしても冷たいスープとしても楽しめます。

材料（4人分）※写真は2人分

＜グリーンピースのポタージュ＞
グリーンピース（鞘から出したもの）
　　…… 500g
玉ねぎ …… 300g
バター …… 50g
じゃがいも …… 250g
チキンブイヨン（もしくは、野菜ブイヨン、水）
　　…… 1250㎖
ローリエ …… 2枚
タイム …… 1枝

白ワインビネガー（もしくは、米酢）
　　…… 大さじ1〜2
塩 …… 適量
胡椒 …… 適量
＜ミント風味のホイップクリーム＞
生クリーム …… 150㎖
ミントの葉 …… 10枚
＜つけあわせ＞
パン・ド・カンパーニュなど

作り方

1 玉ねぎをみじん切りにする。バターを入れた鍋を熱し、玉ねぎが透き通るまで炒める。

2 皮をむき、適当な大きさに切ったじゃがいも、ブイヨン、ローリエ、タイムを加え、
15分ほど煮る。

3 ローリエとタイムを取り出す。

4 グリーンピースを加え、さらに5分ほど煮る。スープをミキサーにかけ、なめらかな
ポタージュにし、ブイヨンで濃度を調節する。

5 塩、胡椒、ビネガーで味を整える。

6 生クリームを8分立てに泡立てる。ミントを刻む。

7 ポタージュにホイップクリームを飾り、ミントをあしらう。

8 ポタージュにパンを添える。

春先にイラクサの若芽
を摘んで、美しい緑の
スープに仕立てる習慣
が北欧全土に残ってい
ます。

シェフのひとこと
冷たい前菜として供する場
合、少なめの量を供するとよ
いでしょう。

Skidne æg
Smilende æg med sennepssovs

スキーデン エッグ──スミレンデ エッグ メ センネップスソウス

『汚れた卵』──半熟ゆで卵のマスタードソースかけ

復活祭の土曜日に供される伝統的な料理です。
祝日でない土曜日に掃除や洗濯をする慣習があったことが「汚れ」の由来と言われています。

材料（2人分）※写真は1人分

卵（Lサイズ）…… 3個

＜マスタードソース＞

バター …… 大さじ1

小麦粉 …… 大さじ1

牛乳 …… 200㎖

塩・胡椒 …… 少々

粗挽きマスタード …… 大さじ1〜2

＜つけあわせ＞

クレソン（もしくは、ルッコラなどの
　苦味のある葉野菜）…… 適宜

パン・ド・カンパーニュ、
　ライ麦全粒パンなど

作り方

＜マスタードソース＞

1　P.113の1、2を参照してソースを作る。

2　火を切って、塩と胡椒、マスタードで味を整える。マスタードソースは再び
　加熱すると風味が飛ぶので注意する。

＜「汚れた卵」＞

1　卵を6〜7分ほど茹で、半熟卵に仕上げる。冷水にとり、殻をむき、縦半分
　に切る。

2　皿に温かいソースを敷き、温かい卵を盛りつける。

3　クレソンをあしらい、パンを添える。

Smørstegt spinat
med pocheret æg og ristede rugbrødstern

スマアステクト スピナット メ ポシエット エッグ オ リステッド ロブロスターン

ほうれん草のバター炒め——落とし卵とライ麦パンクルトンを添えて

ブランチや軽めの食事に使える一品です。

材料（2人分）※写真は1人分

＜落とし卵＞

卵 …… 2個

水 …… 2ℓ

酢 …… 100㎖

＜ほうれん草のバター炒め＞

ほうれん草 …… 300〜400g

バター …… 25g

エストラゴンの葉 …… 4〜6枚

塩・黒胡椒 …… 適量

＜ライ麦パンクルトン＞

全粒ライ麦パン（1㎝角）…… 125g

作り方

＜ライ麦パンクルトン＞

角切りライ麦パンの各面にきれいな焼き色がつくまで、フライパンで炒る。

＜ほうれん草のバター炒め＞

1 強めの中火でバターを溶かし、ほうれん草を加えてしんなりするまで火を通す。

2 塩と胡椒で味を整え、小さなエストラゴンの葉を加える。

＜仕上げ＞

1 鍋に水を張り、酢を加えて沸騰させる。

2 ボウルに卵を割り入れ、塩と胡椒で調味する。

3 ふつふつ沸いている湯の中に卵をそっと入れ、5〜6分ほど半熟状態まで火を通す。

4 卵をそっと取り出し、水気をとり除き、ほうれん草のバター炒めの上に飾る。

5 ライ麦パンのクルトンを飾り、胡椒で味を整える。

81

タ ア テ レ ッ タ ー メ フ ュ ン ス ア ス パ ラ ガ ス オ ラ イ ヤ イ フ リ ュ ー デ ソ ウ ス

Tarteletter
med høns, asparges og rejer i flødesovs
タアテレッター メ フュンス アスパラガス オ ライヤ イ フリューデソウス

クリームソースで和えた鶏とアスパラガスと海老のタルトレット

タルトレット料理は、パリッとしたバターたっぷりの焼き生地に、
もったりとしたクリーム状のソースで和えた具を入れた料理で、お祝いの席などで人気のある伝統料理です。
旬のフレッシュなアスパラガスと海老の組み合わせは、夏を象徴するごちそうです。

材料（5個分）※写真は2人分

＜タルトレット＞

バター（角切り）…… 125 g

小麦全粒粉（グラハム粉）…… 50g

小麦粉 …… 125g

塩 …… 小さじ1

卵（小さめのもの）…… 1個

冷水 …… 大さじ1〜2

＜鶏とアスパラガスと海老のクリームソース和え＞

チキンブイヨン …… 200 ㎖

鶏胸肉 …… 1枚（約100 g）

ホワイトアスパラガス …… 250g

バター …… 大さじ1

小麦粉 …… 大さじ1

生クリーム …… 125 ㎖

卵黄 …… 2個分

茹でたバルト海老 …… 50g

（茹で方はP.85参照）

鞘から取り出したばかりのグリーンピース
…… 50g

塩 …… 適量

胡椒 …… 適量

レモン果汁 …… 小さじ1〜2

ディル …… 適量

シェフのひとこと

- アスパラガスの水煮、冷凍グリーンピース、小海老で代用できます。
- バターを薄力粉に混ぜ込む作業は、フードプロセッサーを使うと簡単です。
- タルトレットは事前に焼いておき、供する直前に数分温め直すことができます。
- 重石のタルトストーンは乾燥豆や米などで代用できます。
- タルトレットは、冷凍パイ生地180gでも作れます。

作り方

＜タルトレット＞

1 冷たいバターと塩を粉に混ぜ込みホロホロの状態にした後、卵を加え、生地をひとまとめにする。しっとり加減は水で調節する。

2 生地をラップで包み、1時間ほど冷蔵庫で休ませる。

3 打ち粉をした台に冷蔵庫で休ませた生地を2〜3㎜の厚さに伸ばし、マフィン型の内側に沿う大きさにくり抜く。

4 くり抜いた生地をマフィン型にぴったりと敷き、15分ほど冷蔵庫で休ませる。

5 タルト生地の底の部分にフォークで穴を開け、生地の上にクッキングシートを敷き、タルトストーンを入れ、焼成中に生地が膨らむのを避ける。

6 200℃に予熱したオーブンで15分ほど焼く。タルトストーンとクッキングシートを除き、底にもきれいな焼き色がつくまで、数分焼く。

＜鶏とアスパラガスと海老のクリームソース和え＞

1 チキンブイヨンで鶏胸肉を10分ほど弱火で煮た後、10分ほど、茹で汁の中で余熱を通す。

2 鶏肉を取り出し、粗熱をとり、仕上がりが美しくなるように、包丁を使わず、手で食べやすい大きさに裂く。

3 ホワイトアスパラガスをP.75の1を参照して下処理をする。穂先の部分を切って取り分け、残りは2〜3 ㎝の長さに切る。

4 ブイヨンを沸かし、アスパラガスを固めに茹で、ざるにあげて粗熱をとる。茹で汁はソース用にとっておく。

5 バターと小麦粉でP.113を参照してソースを作る。ただし、牛乳ではなく、アスパラガスを茹でたブイヨンを使う。

6 ボウルで生クリームと卵黄を混ぜ、熱いソースを少し加える。

7 6を5のソースに混ぜながら加え、煮立たせないようにソースを温め、火から下ろす。

8 鶏胸肉、アスパラガス、グリーンピース、海老を熱々のソースで和え、塩、胡椒、レモン果汁で味を整える。

9 8を温かいタルトレットに盛り付け、ディルをあしらう。

Rejecocktail

ライヤカクテル

海老のカクテル

この海老のサラダは、春から夏にかけて、ランチやコース料理の前菜として、
最も素晴らしい料理の一つと言われています。

材料（2人分）※写真は2人分

＜海老＞
活バルト海老 …… 300g
熱湯 …… 3ℓ
塩 …… 大さじ3
砂糖 …… 大さじ1

＜ドレッシング＞
マヨネーズ（P.43）…… 約100㎖
カイエンヌペッパー …… 適宜
パプリカパウダー（辛味の少ないもの）

＜野菜＞
ホワイトアスパラガス（太めのもの）…… 4本
レタス1/5個（太めの千切り）…… 500㎖
完熟トマト …… 1個
鞘から取り出したばかりの
　　新鮮なグリーンピース …… 50g
ディル …… 適宜

＜つけあわせ＞
バケットなど

作り方

＜海老＞

1　湯を沸かし、塩と砂糖を加える。

2　沸騰している湯の中に海老を入れ、海老の色が変わるまでさっと茹で、ざるにとる。

3　海老の粗熱が取れたら、皮をむく。すぐ供さない場合は、冷蔵庫で保存する。

＜ドレッシング＞

マヨネーズを混ぜて空気を含ませ、カイエンヌペッパーとパプリカパウダーで味を整える。

＜野菜＞

1　ホワイトアスパラガスは、穂先より下の皮をピーラーで剥く。

2　アスパラガスの根元の部分は折ってとり除く。穂先の部分を切って、取り分けておく。残りのアスパラガスを3㎝くらいの長さに切る。

3　湯を沸かし、塩を加えて、アスパラガス少し硬めに茹でる。ざるにとって、粗熱をとる。

4　レタスを太めの千切りにする。トマトはくし形に切る。グリーンピースを鞘から出す。

＜仕上げ＞

1　レタス、アスパラガス、トマト、グリーンピースが層になるように、ガラスの器に盛り付ける。

2　海老を飾り、ディルをあしらう。好みで、パンを添える。

シェフのひとこと
バルト海老は、茹でで殻をむいた小海老100gで代用できます。

Blomkålssuppe med grillet blomkål
ブロムコルスソップ メ グリルト ブロムコル

カリフラワーのポタージュ──グリル焼きカリフラワーのトッピング
このクリーミーなスープは、カリフラワーが旬の夏至から晩夏にかけて楽しめるスープです。

材料（2 人分）※写真は1人分

カリフラワー …… 500g
じゃがいも …… 75g
　（煮崩れしやすいもの）
チキンブイヨン（もしくは野菜ブイヨン）
　　…… 約500㎖
生クリーム …… 100㎖
レモン果汁 …… 小さじ1〜2
塩 …… 適量
胡椒 …… 適量
あさつき …… 適宜
＜つけあわせ＞
ライ麦全粒パン …… 2〜3枚

作り方
＜ポタージュ＞

1 カリフラワーの1/4量を浮き実用として小さめの小房に切り分け、残りはざく切りにする。
2 じゃがいもの皮をむき、ざく切りのカリフラワーと同じくらいの大きさに切る。
3 鍋にブイヨンを入れ、ざく切りのカリフラワーとじゃがいもを20分ほど煮る。
4 スープをミキサーにかけ、なめらかなポタージュにする。
5 生クリームを加えて一煮立ちさせる。ブイヨンでスープの濃度を調節する。
6 レモン果汁・塩・胡椒で味を整える。

＜グリル焼きカリフラワー＞
浮き実用のカリフラワーをグリルで綺麗な焼き目をつける。

＜仕上げ＞
1 ライ麦パンを軽くトーストする。
2 ポタージュにグリル焼きカリフラワーを飾り、あさつきをあしらう。

Salat med kyllingekød, bacon og kolde kartofler

サラート メ キュリングク ベーコン オ コル カトッフェラー

鶏・ベーコン・じゃがいものサラダ

このボリューム感いっぱいのサラダは、ランチや軽い夕食にぴったりです。
夏に収穫できる地物のレタスはとてもおいしいものです。冬にはキャベツ類で代用できます。

材料（2人分）

茹で鶏 …… 約200g
茹でじゃがいも …… 250g
燻製ベーコン（角切り）…… 75g
さやいんげん …… 100g
ロメインレタス・グリーンカール
　レタスなど …… 500㎖
＜ドレッシング＞
ディジョン・マスタード …… 小さじ1
エストラゴンビネガー（もしくは、
　白ワインビネガー）…… 小さじ1/2
オリーブオイル …… 大さじ2〜3
塩 …… 適量
胡椒 …… 適量

作り方

1　冷めた茹で鶏を小さく裂く。レタスは食べやすい大きさにちぎる。

2　冷めた茹でじゃがいもを、くし切り、もしくは食べやすい大きさに切る。

3　ベーコンを、油を敷いたフライパンできれいな焼き目がつきカリカリになるまで焼き、キッチンペーパーの上に取り出す。

4　ヘタを切り落としたさやいんげんを、たっぷりの湯で歯ごたえが残るように茹で、ざるに上げて冷ます。

＜ドレッシング＞

マスタードとビネガーを合わせ、油を少しずつ加える。塩と胡椒で味を整える。

＜仕上げ＞

1　鶏肉、レタス、じゃがいも、さやいんげんをドレッシングで和える。

2　カリカリに焼いたベーコンを飾る。

ブロムコル オ ライヤ メ ムーセリーヌソウス オ コダーウアタ

Blomkål og rejer
med mousselinesovs og krydderurter

ブロムコル オ ライヤ メ ムーセリーヌソウス オ コダーウアタ

茹でカリフラワーと海老——ハーブ風味のムースリーヌ・ソース添え

この料理は、夏を代表する料理です。

週末や人数が少ない会席での前菜、複数の料理を用意する昼食の一品として使えます。

ソースは、直前に作ってくださいね。

材料(4 人分)

カリフラワー(大きめのもの) …… 1個
塩 …… 小さじ2(水1ℓにつき)
海老(殻つき茹で海老) …… 500g
<バター風味のライ麦パンクルトン>
ライ麦パン …… 4枚(焼きたてでないもの)
バター …… 25g
<ムースリーヌ・ソース>
バター …… 200g
卵黄 …… 4個分
レモン果汁 …… 大さじ2〜3
塩 …… 少々
生クリーム …… 100㎖
白胡椒 …… 適量
あさつき(みじん切り) …… 大さじ2
ディル …… 適量
あさつきの花(みじん切り) …… 4〜5個

作り方
<カリフラワー>

1 カリフラワーの外葉と茎の下の部分を除く。カリフラワーの茎の下の部分に十字を入れる。(茹でで時間を短縮できる。)

2 湯を沸かし、塩を加え、カリフラワーを7〜8分ほど、蓋をして茹でる。全体に火が通ったら、ざるに上げて水気を切る。粗熱がとれたら、カリフラワーを盛り付け皿に置く。

<バター風味のライ麦パンクルトン>

ライ麦パンを手でポロポロにするか、2㎜角に切る。バターでカリッと炒める。

<ムースリーヌ・ソース>

1 バターを弱火で溶かしたものを漉して澄ましバターを作る。

2 鍋にレモン果汁と塩を加えた卵黄を弱火にかけ、泡立て器で手早くしっかりと、卵黄がもったりとクリーム状になるまで攪拌する。鍋を火から下ろし、澄ましバターを少しずつ加える。最初は数滴ずつ加え、その後、細い線を作るように加えるとよい。バターの上澄みだけを使うこと。ソースは70℃を超えると分離するので、気をつけて温めること。

3 軽く泡だてた生クリームをソースに加え、塩・白胡椒・レモン果汁で味を整える。

4 ディル、あさつき、あさつきの花(省略可)をソースに加える。

<仕上げ>

1 茹でたてのカリフラワーに海老を飾る。

2 作りたての温かいソースをかけ、ライ麦パンクルトンを飾る。デイル、あさつき、あさつきの花(分量外)をあしらう。

Kyllingesalat med sprødt skind

キュリングサラータ メ スポイト スキン

鶏のサラダ——カリカリ鶏皮のトッピング

カリカリの鶏皮の食感が楽しいサラダです。

シェフのひとこと
鶏皮の上に耐熱皿を置いて
焼くと、皮が平らに焼けます。

材料（3〜4人分）※写真は2人分

大きめの鶏胸肉（皮つき） …… 2枚
塩・白胡椒 …… 適量
グリーンカールレタスなど …… 120g
春キャベツ …… 300g
完熟トマト …… 500g
＜ドレッシング＞
ディジョン・マスタード …… 小さじ2
白ワインビネガー …… 小さじ1
上質のオリーブオイル …… 50mℓ
にんにく …… 1〜2片
塩・胡椒 …… 適量
＜クルトン＞
サワードゥブレッドなど …… 4枚
オリーブオイル …… 大さじ1

作り方
＜カリカリ鶏皮＞

1 鶏胸肉の皮を8等分に切り、しっかり伸ばしてクッキングシートに並べる。
2 200℃に予熱したオーブンで15〜20分、皮がカリカリになるまで焼く。

＜鶏のサラダ＞

1 鶏胸肉を塩と胡椒で調味し、15分ほど、火が通るまで蒸す。
2 レタスは食べやすい大きさにちぎり、キャベツは細切り、トマトは食べやすい大きさに切る。鶏肉も手で食べやすい大きさに裂く。

＜ドレッシング＞

1 マスタードとビネガーを混ぜ、オイルを少しずつ加えていく。
2 潰したにんにくと、塩、胡椒で味を整える。

＜仕上げ＞

1 小さく角切りにしたパンをオイルできれいな焼き色がつくまで炒める。
2 鶏肉と野菜をドレッシングで和え、クルトンとカリカリ鶏皮をサラダに飾る。

Grøn salat med bagt ørred, zucchini og hindbærvinaigrette

グロンサラータ メ バクト アー ズッキーニ オ ヒンベアヴィネグレット

鱒とズッキーニ入りグリーンサラダ──ラズベリービネグレット

晩夏の旬の食材を楽しむ華やかな一品です。
ランチに、重めの料理が続くコース料理の前菜としてご利用ください。

シェフのひとこと
写真では、エディブルフラワー（食用花）のハナスベリヒユを飾っています。
ラズベリー酢は他の酢で代用できます。

材料（4人分）※写真は1人分

ズッキーニ …… 250g
塩（ズッキーニ用）…… 小さじ1
鱒（もしくは、鮭）切り身 …… 500g
塩、胡椒（魚用）…… 適量
ミックス・サラダリーフ …… 1ℓ分
ラズベリー（フレッシュ）…… 200g
パン・ド・カンパーニュなど
＜ラズベリービネグレット＞
オリーブオイル …… 大さじ4
ラズベリー酢 …… 大さじ2〜3
塩 …… 適量

作り方

1 5mm角に切ったズッキーニをざるに並べて塩をふり、1時間ほど水気が抜けるのを待つ。

2 塩、胡椒で調味した鱒を耐熱皿に置き、175℃のオーブンで10分ほど焼く。身がしっとりしている状態が望ましい。皮を除き、粗熱をとる。

3 ドレッシング用のオリーブオイルと酢を混ぜ、塩で味を整える。

4 水気を切ったズッキーニとサラダリーフをドレッシングで和え、四等分して盛りつける。

5 魚を大きめに崩してサラダの上にラズベリーと一緒に飾る。エディブルフラワー（食用花）をあしらってもよい。

6 パン・ド・カンパーニュなどを添える。

Rimsaltet torsk med fennikelsalat

リムサルテット トースク メ フェニッケルサラート

鱈のマリネ──フェンネルサラダ添え

鱈は、Rがつく月、すなわち、9月から4月までの期間が旬ですが、
淡白で味わいの深い白身魚でもおいしく作れます。

シェフのひとこと
サラダにレモンの皮のすりおろしを加えても風味よく仕上がります。

材料（前菜として6〜8人分）

＜鱈のマリネ＞

鱈の切り身（生食用）…… 400g

フレーク塩（もしくは、海塩）…… 15g

砂糖 …… 15g

コリアンダー（粒）…… 大さじ1

＜フェンネルサラダ＞

フェンネル …… 150g

レモン果汁 …… 適量

イタリアンパセリ …… 適宜

赤パプリカ …… 60g

オリーブオイル …… 50㎖

塩・胡椒 …… 適量

作り方

＜鱈のマリネ＞

1 鱈の身の方にフォークを突き刺し小さな穴を開け、バッドに皮目を下にして置く。

2 コリアンダーを塩と砂糖と一緒に乳鉢で粗く潰して鱈の身に擦りこみ、二日間ほど冷蔵庫でマリネする。

3 供する際に、皮を剥ぎ、身を薄切りにする。

＜フェンネルサラダ＞

1 フェンネルの柔らかい葉をあしらいに取っておく。硬い茎の部分は取り除く。

2 フェンネルを極薄切りにする。マンドリンを使うとよい。変色を防ぐため、レモン果汁をかけておく。

3 赤パプリカは小さな角切りにし、パセリのみじん切りと一緒に加え、オリーブオイルで和える。

4 塩と胡椒で味を整える。フェンネルの柔らかい葉をあしらう。

スウェーデンには卵に牛乳と小麦粉を加えたものにベーコンを加えて焼く卵料理があります。コケモモのコンポートを添えます。ベーコンの代わりにブルーベリーやりんごを入れるとスウィーツとして使えます。

Kartoffelæggekage med tomat og purløg

カトッフェルエッゲケーエ メトマート オ プアロイ

シェフのひとこと
硬質チーズは、シュレッドチーズで代用できます。

じゃがいもオープンオムレツ——トマト・あさつき入り

オープンオムレツは、典型的な夕食の献立です。前日に茹でたじゃがいもを使うと、手早く作れます。
多めに作って、翌日、ライ麦全粒パンにのせてスモーブロ仕立てにしても、おいしいですよ。

材料（3〜4人分）※写真は1人分
茹でじゃがいも …… 500g
バター …… 25g
卵 …… 8個
片栗粉 …… 大さじ1
牛乳 …… 100mℓ
硬質チーズ …… 50g
塩 …… 適量
胡椒 …… 適量
トマト …… 300g
　（いろいろな種類や色を揃えてもよい）
あさつき（みじん切り）
＜つけあわせ＞
ライ麦パン

作り方
1 直径24cmのフライパンにバターを溶かし、1cmの輪切りにした茹でじゃがいもの表面が軽くきつね色になるまで焼いたら、火を弱める。
2 ボウルに卵を溶き、片栗粉を加え、ダマにならないように混ぜ合わせる。牛乳を加え、その後、粗めにおろしたチーズを加える。塩と胡椒で味を整える。
3 卵液をじゃがいもをソテーしたフライパンに流し、フライパンの周りが固まってくるまで、数分間、火を通す。
4 フライパンの底からところどころ卵を返し、火が通っていない卵液が底にまわるようにする。
5 トマトをオムレツの上に並べ、5〜7分ほど、オムレツに火が通るまで、弱火で焼く。
6 ほぼ火が通ったら、火を止め、あさつきをあしらう。
7 温かいオムレツにライ麦パンを添える。

Kartoffelsuppe med bacondrys
カトッフェルソップ メ ベーコンドリュス

じゃがいものポタージュ──カリカリベーコンのトッピング

北欧では、秋は早い時期から寒くなります。温かい野菜のスープは、人気のある家庭料理です。

材料（2人分）※写真は1人分

じゃがいも …… 250g
ポロねぎ …… 400g
バター …… 25g
水（もしくは、チキンブイヨンか
　野菜ブイヨン）…… 500㎖
タイム …… 2枝
生クリーム …… 50㎖
塩・胡椒 …… 適量

＜トッピング＞

ベーコン（3㎝角）…… 100g
クセのない植物油 …… 50㎖

＜つけあわせ＞

サワードゥブレッド

作り方

＜じゃがいものポタージュ＞

1 じゃがいもの皮をむき、適当な大きさに切る。

2 ポロねぎは白い部分と若緑の部分を半々ずつの割合で輪切りにしたものを、浮き実用にとっておく。

3 残りのポロねぎを輪切りにし、バターを溶かした鍋で透明になるまで炒める。

4 水、じゃがいも、タイムを加え、じゃがいもが柔らかくなるまで20分ほど煮込む。

5 タイムを取り除き、スープをミキサーにかけて、なめらかなポタージュにする。水で濃度を調節する。

6 スープに生クリームと浮き実用のポロねぎを加えて、混ぜながら5分ほど煮る。

7 塩と胡椒で味を整える。

＜仕上げ＞

1 油でベーコンをカリカリに焼き、キッチンペーパーで余分な脂を除く。

2 スープにベーコンを飾り、サワードゥブレッドを添える。

Spinattærte med hasselnødder og ost

スピナットターテ メ ハッセルヌダー オ オスト

ほうれん草のタルト——ヘーゼルナッツとチーズ入り

バター入りの生地で作るタルトは、特別な日の一品として、
また、週末のランチやビュッフェでの一品として愛されています。

シェフのひとこと

焼きたてのタルトをお楽しみ
ください。スモークサーモン
や生ハムを添えても、おいし
いですよ。フィリングの生ク
リーム250gは、生クリーム
150 mℓと牛乳100 mℓでも作
れます。

材料（約10人分）

＜タルト生地＞

小麦全粒粉（グラハム粉）…… 50g

薄力粉 …… 125g

塩 …… 小さじ1

卵（小さめのもの）…… 1個

冷水 …… 大さじ1〜2

＜フィリング＞

硬質チーズ …… 150g

茹でたほうれん草 …… 400g

ヘーゼルナッツ …… 200g

卵 …… 4個

生クリーム …… 250 mℓ

ナツメグ …… 小さじ1/2

胡椒

作り方

＜タルト生地＞

P.83の工程でタルト生地を用意し、直径22〜24 cmのタルト型に敷く。その後
の工程も、P.83を参照。

＜フィリング＞

- ほうれん草の水気をしっかり切って、粗みじん切りにしたヘーゼルナッツを
  混ぜ、空焼きしたタルト生地に並べる。
- チーズをおろし、半量を取り分けておく。
- 卵、生クリーム、チーズの半量を合わせ、ナツメグと胡椒で調味し、空焼きし
  たタルト生地に流す。

＜仕上げ＞

- タルトを25分ほど、表面がほぼ固まるまで焼く。
- 残りのチーズを上にのせ、チーズが溶けるまで焼く。

95

ブロッコリーグラチン メ スマアソウス

Broccoligratin
med smørsovs

ブロッコリーグラチン メ スマアソウス

ブロッコリーのスフレ・グラタン
──バターソース添え

この料理はボリュームがあり、普段の家庭料理として人気があります。
カリフラワーや他の茹で野菜でもおいしく作れます。

材料（4人分）※写真は1人分

＜スフレ・グラタン＞
ブロッコリー …… 500g
バター …… 50g
小麦粉 …… 75g
ブロッコリーの茹で汁 …… 400㎖
生クリーム …… 100㎖
おろしたてのナツメグ …… 小さじ1/2
塩・胡椒 …… 適量
卵 …… 5個
パン粉（細目）…… 約200㎖

＜バターソース＞
バター …… 75g
エシャロット …… 2個
パセリ …… 大さじ2〜3

＜つけあわせ＞
茹でじゃがいも（もしくは、ライ麦パン）

作り方
＜スフレグラタン＞

1 ブロッコリーを小房に分ける。軸は厚い皮を除き、2センチ角に切る。

2 塩（分量外）を加えた湯で固めに茹でる。茹で湯はとっておく。ブロッコリーはざるの上で冷ます。

3 鍋にバターを溶かし、小麦粉を加え、バターと一緒にひとまとめにする。ブロッコリーの茹で汁を少しずつ加え、その都度なめらかになるまで、泡立て器で底からよく混ぜる。その後、生クリームも少しずつ加えていく。木べらでソースを常に底から混ぜながら5分ほど弱火でふつふつと煮込む。

4 ナツメグと塩・胡椒で味を整える。ソースを指で触れるくらいまで冷ます。

5 卵を卵黄と卵白に分ける。粗熱が取れたソースの鍋に卵黄を入れて、よく混ぜる。卵白はメレンゲ状に泡だて、ソースにさっくりと加える。

6 耐熱皿にバター（分量外）をたっぷり塗り、底と側面にしっかりパン粉をまぶす。

7 水気を切ったブロッコリーを耐熱皿に並べ、ソースを注ぐ。

8 175度に予熱したオーブンに耐熱皿を入れ、45分ほど焼く。グラタンの真ん中に竹串を刺して何もついてこなければ、できあがり。

＜バターソース＞

バターを溶かし、みじん切りにしたエシャロットとパセリを加える。

＜仕上げ＞

熱々のグラタンに、バターソースと茹でじゃがいもを添える。

シェフのひとこと
- エシャロットは玉ねぎ30gで代用できます。
- 細目のパン粉は、小麦粉でも代用できます。

Bygotto med svampe

ビュゴット メ スヴァンプ

丸麦のきのこリゾット

イタリアのリゾットに由来していますが、北欧の地元食材の丸麦で作っています。

材料（4人分）※写真は1人分

丸麦 …… 500g
玉ねぎ …… 100g
バター …… 50g
にんにく …… 2片
タイム …… 2〜3枝
野菜ブイヨン（もしくは水）…… 1ℓ
マッシュルーム …… 250g
パルメザン・チーズ …… 100g
サワークリーム …… 100g
パセリ（みじん切り）…… 100㎖
塩・胡椒 …… 適量

作り方

1 丸麦をさっと洗う。

2 みじん切りにした玉ねぎを底の厚い鍋に入れ、透き通るまでバターで炒める。

3 潰したにんにくとタイムを加え、数分ほど炒め、ブイヨンもしくは水を加え、沸騰させる。

4 洗った丸麦を加え、もう一度沸騰させた後、蓋をして20分ほど弱火で炊く。丸麦がふっくらと炊けたか確認し、必要に応じて、さらに炊く。

5 マッシュルームを食べやすい大きさに切る。3〜4分ほどフライパンで乾煎りし、リゾットに加える。

6 サワークリーム、おろしたパルメザン・チーズ、パセリを加え、塩と胡椒で味を整える。

Vegetariske gule ærter med selleri og gulerod
ベジタリスク グールアータ メ セロリ オ グルロド

黄えんどう豆の煮込みポタージュ風

北欧全域で作られてきた伝統的な料理で、塩漬け肉や乾燥肉を加えるのが定番です。
ここでは、あっさり味の環境にやさしいバージョンをご紹介します。

材料（6～8人分）※写真は2人分

イエロースプリットピー …… 500g
じゃがいも（1cm角）…… 250g
にんじん（1cm角）…… 250g
根セロリ（1cm角）…… 360g
玉ねぎ（1cm角）…… 100g
野菜の茹で汁 …… 1.5ℓ
ローリエ …… 2枚
タイム …… 2～3枝
りんご酢 …… 大さじ2～3
塩・胡椒 …… 適量

＜つけあわせ＞
ライ麦全粒パン

作り方

1 塩（分量外）を加えた湯を沸かし、じゃがいもを10分ほど茹で、にんじんと根セロリを加え、さらに5分ほど茹でる。野菜をざるにあげ、茹で汁はスプリットピーの煮込み用にとっておく。

2 取り分けた茹で汁にローリエを加え、スプリットピーと玉ねぎを45分ほど煮て、ミキサーでポタージュ状にする。ポタージュの濃度を水で調節する。

3 茹で野菜を豆のポタージュに加える。

4 タイムの葉で香りをつけ、酢、塩、胡椒で味を整える。

5 ライ麦パンを添える。

ノルウェーには、えんどう豆の代わりに大麦を使い、羊肉を加えて煮込む料理があります。

シェフのひとこと
野菜の茹で汁が1.5ℓに足りない場合は水を足して下さい。

99

フリューデストューブ　デ　ヨース　コッカーメ　ロイ　ラックス

Flødestuvede jordskokker med røget laks

フリューデストューブデ ヨースコッカー メ ロイ ラックス

菊芋のクリーム煮──スモークサーモン添え

魚の燻製は、北欧では一般的ですが、
スモークサーモンはごちそう感の高い食材です。
この料理は、冬の前菜として、また、週末のランチとして楽しめます。

材料（4人分）※写真は2人分

スモークサーモン …… 4〜8枚
　（150〜200g）
菊芋 …… 600g
生クリーム …… 350㎖
レモンの皮（すりおろし）…… 少々
レモン果汁 …… 小さじ2〜3

ディジョン・マスタード …… 少々
　（省くこともできます）
塩・胡椒 …… 適量
あさつき（みじん切り）…… 大さじ4
＜つけあわせ＞
サワードゥブレッドなど

作り方

1 菊芋をしっかり洗うか、ピーラーで皮を剥き、3㎝の角切りにする。

2 たっぷりの水に塩（分量外）を加えて沸かし、菊芋を3〜5分茹でて、ざるに上げる。

3 別の鍋で、生クリームを半分の量まで煮詰める。鍋の底からかき混ぜて、底が焦げ付かないように注意する。

4 茹でた菊芋を加え、数分、煮崩れない程度にさっと煮込む。

5 レモンの皮のすりおろしとレモン果汁、マスタード、塩、胡椒で味を整える。

6 皿に菊芋のクリーム煮を盛り付け、スモークサーモンを飾る。

7 あさつきをあしらい、パンを添える。

Västerbottenpaj

ヴェステルボッテンパイ

スウェーデン風チーズのタルト──グリーンサラダ添え

このチーズのタルトはスウェーデンに由来し、ランチに、
ビュッフェ形式の食事の一品として、年中、供することができます。

シェフのひとこと

- ヴェステルボッテンは、スウェーデンで伝統的に作られているチーズです。牛乳を何回も沸かす製造工程が特徴で、小さな穴がたくさんある濃厚な味の中期熟成の硬質チーズです。
- ヴェステルボッテンは、他の中期熟成の硬質チーズで代用できます。

材料（10人分）

＜タルト生地＞
P.83を参照してください。

＜フィリング＞
ヴェステルボッテン・チーズ …… 200g
卵 …… 2個
生クリーム …… 200㎖（生クリーム
　10㎖と牛乳100㎖でもよい）
ナツメグ・胡椒 …… 適量

＜グリーンサラダ＞
ベビーリーフミックス …… 1.5ℓ
ディジョン・マスタード …… 小さじ2
白ワインビネガー …… 小さじ1
オリーブオイル …… 50㎖
塩・胡椒 …… 適量

作り方

＜タルト生地＞
P.83の工程でタルト生地を用意し、直径22〜24㎝のタルト型に敷く。その後の工程も、P.83を参照。

＜フィリング＞

1　チーズをおろし、半量を取り分けておく。

2　卵と生クリームと半量のチーズを合わせ、ナツメグと胡椒で味を整える。

3　フィリングをタルト型に入れ、200℃のオーブンで25分ほど、フィリングがほとんど固まるまで焼く。

4　取り分けておいた半量のチーズをのせ、チーズが溶けるまで焼く。熱々を供する。

＜グリーンサラダ＞

1　マスタードとビネガーを混ぜ、少しずつオイルを加える。

2　塩と胡椒で味を整え、ベビーリーフミックスを和える。

Græskarsuppe med ristede kerner

グラスカソップ メ リステデ ケアナー

かぼちゃのポタージュ──炒ったかぼちゃの種のトッピング

かぼちゃは、秋から冬にかけておいしい食材です。
からだが温まるスープが簡単に作れます。ボリュームもあるので、普段の料理にぴったりです。

材料（2人分）※写真は2人分

かぼちゃ …… 250g
　（皮と種を除いたもの）
赤レンズ豆 …… 100㎖
トマトピュレ …… 大さじ1
ブイヨン（もしくは、水）…… 500㎖
塩・胡椒 …… 適量
＜トッピング＞
かぼちゃの種 …… 100㎖
クセのない植物油 …… 大さじ1
サワークリーム …… 大さじ3〜4
カレー粉 …… 小さじ2
＜つけあわせ＞
パン・ド・カンパーニュ …… 適宜

作り方
＜ポタージュ＞

1 鍋に、適当な大きさに切ったかぼちゃ、レンズ豆、トマトピュレ、ブイヨンを入れ、20分ほど蓋をして弱火でコトコト煮る。

2 スープをミキサーにかけて、なめらかなポタージュにする。

3 塩・胡椒で味を整える。

＜トッピング＞

1 フライパンに油を敷き、かぼちゃの種をきれいな焦げ目がつくまで炒る。

2 キッチンペーパーで不要な油を取り除く。

3 サワークリームにカレー粉を混ぜる。

＜仕上げ＞

1 熱々のポタージュに、かぼちゃの種とカレー風味のサワークリームを飾る。

2 パンを添える。

103

北欧の家庭料理

Hverdagsmad i Norden

　北欧での普段の食事は、たいてい、スープやボリュームのあるサラダなどの一品からなっています。この章で紹介している料理は、社内食堂でのランチ、カフェなどで供される他、特別な日のコース料理の前菜としても供することができます。

　食材の入手が季節で限られたり、天候を配慮した献立、例えば、夏には冷たいスープ、秋や冬の寒い日には温かいスープなどといったように、多くの料理は決まった季節と結びついています。

　野菜の調理方法も、季節によって変化します。夏には、水分の多い野菜が旬を迎えるので、新鮮な食材を生のままでサラダに使う形を好みます。茹でたり蒸したりした野菜は、年中、いろいろな形で利用しますが、ドレッシングと和えて、茹でた麦や豆などと一緒にサラダ仕立てでも用意できます。

　夏には、よくグリル料理を楽しみますが、アスパラガス、新じゃが、ズッキーニなどの夏野菜は、肉やソーセージをグリルする際のつけあわせとしてもおいしいものです。

　晩夏から秋にかけて、さまざまなキャベツや根菜の収穫が始まります。キャベツは、サラダなどに生で使うこともできますし、温かい料理にも使います。根菜を食べやすい大きさに切ってオーブンで焼く方法は、毎日の暮らしの中で野菜をたっぷり食べるためのシンプルな調理方法です。根菜は、スープにもよく使われます。

　近年、北欧の食文化の発展は急激に加速し、外国の料理にも影響を受けてきました。この本でご紹介している料理にも、ここ何十年の間に定番となった料理がいくつか見られます。レシピには、できるだけ、北欧の食材、地元の食材を反映させました。

デンマークとスウェーデンに広がる美しい田園風景。近年、オーガニック農産物の割合が急増しています。

北欧でも、ハレとケの料理が存在します。
この章で紹介した料理の中から、普段の料理とおもてなし料理を一覧にしました。

普段の料理

　普段の日には、ワンプレートごはんが主流です。テーブルで大皿や鍋から銘々が好みの量を自分の皿に取り分ける「ファミリースタイル」と呼ばれる形式が定着しています。北欧では、18時辺りに家族全員で夕食を囲む習慣があります。平日の夕食の後は、子どもも大人も習い事や趣味の教室などに参加するライフスタイルが定着しています。北欧の美しい夏には、庭で寛ぎのひとときを楽しむことが大切にされています。

週末の料理

　週末には、いつもより少し時間をかけて食事を用意します。親しい友人を招いたり、離れて暮らす親や子ども、子どもの家族と食卓を囲み、一緒の時間を楽しむこともあります。献立には、季節の食材を使った料理やご馳走感のある料理を組み入れます。

おもてなしの料理

　特別な日などに用意するおもてなし料理は、前菜・主菜・デザートのコース仕立てが一般的です。この章でご紹介した料理の多くは、前菜として使われます。季節感あふれる献立を心がけ、お招きしているお客様の好みを配慮した料理を用意します。

※冷凍グリーンピースを使うと普段使いの料理ですが、旬のみずみずしい鞘入りのえんどう豆を使うとおもてなし料理になります。

4

魚料理

✳ ✳ ✳

Fisk & Skaldyr

北欧は、新鮮な魚介類が豊富です。
季節に応じてバラエティ豊かに入手できるので、
伝統的な魚料理が数多く存在します。
最近は、地物の魚介類で作る
現代的なレシピも普及しています。

ブロムスリンガー ダンプトイ ウル オ スナップス メ ウアター

Blåmuslinger
dampet i øl og snaps med urter
ブロムスリンガー　ダンプト　イ　ウル　オ　スナップス　メ　ウアター

ムール貝のビールとシュナップス蒸し
——ハーブの香りを添えて

ムール貝は寒い季節が旬で、最も安く入手できる地物の貝です。
この料理は、前菜、ランチ、普段の食事として使えます。

材料（3〜4人分）

活ムール貝 …… 1 kg
玉ねぎ …… 100g
根セロリ …… 350g
にんじん …… 250g
オリーブオイル …… 大さじ2
タイム …… 3〜4枝
ビール（ピルスナー・タイプ） …… 330㎖

シュナップス（タイムなど、ハーブの
　香りづけがしてあるもの） …… 20㎖
イタリアンパセリ …… 適宜
塩 …… 適量
胡椒 …… 適量

＜つけあわせ＞

パン・ド・カンパーニュなど …… 適宜
バター …… 適量

作り方

＜ムール貝の下処理＞

1　ムール貝を蒸す直前に、タワシを使って冷水で洗う。
2　ムール貝のヒゲは取り除く。壊れている貝は取り除く。
3　殻が少し開いている貝の場合、机の角などで叩いて、殻が閉じれば使ってもよい。

＜野菜＞

1　玉ねぎ、根セロリ、にんじんを、3㎜角に切り揃える。

＜ムール貝＞

1　大きな鍋を温め、オリーブオイルを入れて、3〜4分野菜を炒める。
2　タイムの枝と下処理したムール貝を加えて強火にし、ビールとシュナップスを加え、蓋をして蒸す。
3　ムール貝が開くまで、何度か鍋を混ぜる。5分くらいで蒸し終える。
4　口が開かない貝を取り除く。
5　パセリを加え、塩と胡椒で味を整える。
6　パンとバターを添える。

シェフのひとこと
シュナップスは、北欧で親しまれているじゃがいもベースの蒸留酒です。（図鑑 P.223）

Stenbiderrogn og cremefraiche i bagekartoffel

スティンビダロン オ クレームフレーシェ イ ベーエカトッフェル

ランプフィッシュ・キャビアのサワークリーム和え──ベイクドポテトにのせて

ランプフィッシュ・キャビアは、2月から4月あたりのまだ寒さが続く早春が旬です。

材料（4人分）※写真は1人分

ランプフィッシュ・キャビア …… 200g

エシャロット（みじん切り）…… 15g

ライム …… 1個

サワークリーム …… 125g

ディル …… 4～5本

塩・胡椒 …… 適量

＜ベイクドポテト＞

じゃがいも（ほくほくタイプのもの）
　　…… 4個（一個あたり150g相当）

＜つけあわせ＞

ロメインレタス …… 100g

作り方

＜ランプフィッシュ・キャビアのサワークリーム和え＞

1 ランプフィッシュ・キャビアを冷水ですすいで水気をよく切る。

2 ランプフィッシュ・キャビアに、エシャロット、ライムの皮、サワークリームを加え、全体がなじむように混ぜる。この段階では塩を加えないこと。

＜ベイクドポテト＞

1 じゃがいもの汚れをスポンジで落とし、耐熱皿に並べる。

2 じゃがいもの表面に1cmの深さの切り込みを入れる。

3 一時間を目安に、200℃のオーブンで焼く。竹串を刺して、すっと入ればよい。

4 じゃがいもを取り出し、中身が上に盛り上がるように、両脇を押す。

＜仕上げ＞

1 塩と胡椒で、ランプフィッシュ・キャビアの味を整える。

2 ベイクドポテトにランプフィッシュ・キャビアのサワークリーム和えをのせ、ディルをあしらい、レタスを飾る。

Bagt hornfiskterrine med peberrodscreme
バクト ホーンフィスクテリーネ メ ペバロドクレーム

ガーフィッシュのテリーヌ——西洋わさびのクリーム添え
この料理は前もって作れるので、大勢のお客様をお迎えする際にお勧めの一品です。

材料（1.5ℓのテリーヌ型一台分）

ガーフィッシュ（三枚おろし）
　　…… 1.25 kg

クセのない植物油 …… 大さじ1

レモンの皮 …… 一個分

塩 …… 大さじ1 1/2

胡椒 …… 適量

レモン果汁 …… 100 ㎖

＜西洋わさびのクリーム＞

パセリ …… 300 ㎖

サワークリーム …… 250g

ディジョン・マスタード …… 小さじ1

西洋わさび（おろしたてのもの）
　　…… 大さじ2〜3

塩・胡椒 …… 適量

作り方

1 テリーヌ型に油を塗り、魚の切り身を、皮目を下にして重ねる。

2 魚を一枚並べる度にレモンの皮のすりおろし、塩、胡椒をふる。

3 レモン果汁をテリーヌ型にふりかけ、蓋かアルミホイルで覆う。

4 175℃に余熱したオーブンで中心温度が65℃になるまで45〜60分ほど焼く。

5 オーブンからテリーヌ型を取り出し、軽く重しをかけて、翌日まで冷蔵庫で保存する。

＜西洋わさびのクリーム＞

1 茎の太い部分を除いたパセリをサワークリームと一緒にフードプロセッサー入れ、もったりするまで攪拌する。

2 マスタードと西洋わさびを加え、胡椒と塩で味を整える。

＜仕上げ＞

1 まな板の上にテリーヌを取り出し、1〜1.5cmの厚さに切る。

2 ガーフィッシュのテリーヌのスライスに、パセリをあしらい、西洋わさびのクリームを添える。

111

スマアステクト ロスペタメ カトッフェラー オ パセリソウス

112

Smørstegt rødspætte
med kartofler og persillesovs
スマアステクト ロスペタ メ カトッフェラー オ パセリソウス

カレイのバター焼き──じゃがいもとパセリソースを添えて

北欧風に魚を焼く典型的な調理法が用いられています。
夏に出回る新じゃがとの組み合わせがお勧めです。

材料（2人分）※写真は1人分

＜カレイのバター焼き＞
カレイ …… 2尾（表の皮を剥いだもの）
小麦粉 …… 100㎖
塩 …… 小さじ2
胡椒 …… 適量
バター …… 50g

＜じゃがいも＞
小さめの新じゃがいも …… 500g
塩 …… 水1ℓにつき、大さじ2

＜パセリソース＞
バター …… 15g
小麦粉 …… 15g
牛乳 …… 200㎖
パセリ（みじん切り） …… 100㎖
オールスパイス・パウダー …… 少々
塩 …… 少々

作り方

＜カレイのバター焼き＞

1 冷水で魚をさっと洗う。エンガワと尾は切り取る。水気をふきとり、表と裏の身が厚い部分に切り目を入れる。

2 小麦粉に塩と胡椒を加え、焼く直前に魚にしっかりまぶす。

3 フライパンにバターを溶かし、バターが泡立ち黄金色になるまで待ってから火を弱め、魚を中火で焼き始める。表裏を2〜3分ずつ焼いた後、火を弱め、両面を各5分ずつ火が通るまで焼く。身の厚いところを触ってみて、熱が通っていて身が骨から外れるようになっていたら火から下ろす。

＜じゃがいも＞

1 湯を沸かし、塩を加え、じゃがいもを程よく茹でる。

2 小さめのナイフでじゃがいもの皮をむく。

＜パセリソース＞

1 鍋にバターを溶かし、小麦粉を加えてバターになじませるように混ぜ、焦がさないように混ぜながら炒める。

2 フツフツと沸騰し、泡が出てきたら牛乳を少しずつ入れ、その度になめらかになるまで手早く混ぜる。ソースを底から混ぜながら弱火で5分ほど煮る。

3 パセリのみじん切りを加え、数分ほど煮る。塩とオールスパイスで味を整える。

Kåldolmere med fisk og tomatsovs

コルドルマー メ フィスク オ トマートソウス

白身魚のロールキャベツ──トマトソース添え

キャベツは昔から使われてきた野菜です。晩夏から冬の料理として使える一品です。

材料(4人分)※写真は1人分

キャベツの葉 …… 4枚
白身魚の切り身 …… 600g
バター …… 大さじ4
ディジョン・マスタード …… 大さじ4
塩・胡椒 …… 適量

<トマトソース>

玉ねぎ(みじん切り) …… 200g
にんにく(みじん切り) …… 2〜3片
オリーブオイル …… 100㎖
トマト(角切り) …… 500g
ブイヨン(もしくは、水) …… 300㎖
タイム …… 2〜3枝
バルサミコ酢 …… 大さじ1
トマトピューレ …… 大さじ2
塩・胡椒 …… 適量

作り方

1 キャベツの葉を一枚ずつはがし、芯の分厚いところを削いで下茹でする。

2 キャベツを広げて塩少々(分量外)をふり、白身魚を真ん中におき、マスタードを塗る。

3 バターをのせ、塩・胡椒で調味し、芯の部分から横のキャベツを折りたたみながら巻く。

4 耐熱皿に4組のロールキャベツを並べ、水を少々注ぐ。

5 耐熱皿をクッキングシートで覆い、175℃に予熱したオーブンで、20分ほど焼く。魚の中心温度が60℃になればよい。

<トマトソース>

1 鍋で玉ねぎを透明になるまでオリーブオイルで炒め、にんにくを加える。

2 トマトを加えて5〜10分ほど炒め、ブイヨンとタイムを加えて、20分ほど煮込む。

3 ソースをミキサーにかけクリーム状にする。

4 トマトピューレ、バルサミコ酢、塩、胡椒で味を整える。

※写真では、ロールキャベツにトマトソースと茹でたじゃがいもを添え、パセリをあしらっています。

Jomfruhummer og hvidløgsdip med basilikum

ヨムフルホマー オ ヴィデロイスディップ メ バシリコム

アカザエビ──にんにくバジル風味ディップを添えて

アカザエビはごちそう感が高く、年中、楽しむことができます。この料理は、前菜、もしくはランチとして使えます。

材料（2人分）※写真は1人分

アカザエビ …… 10〜14尾
塩 …… 水1ℓにつき、大さじ2
砂糖 …… 水1ℓにつき、小さじ2
ディル …… 2〜3枝
＜にんにくバジル風味ディップ＞
サワークリーム …… 100g
ディジョン・マスタード …… 小さじ1
にんにく …… 2片
バジルの葉 …… 適量
塩・胡椒 …… 適量
＜つけあわせ＞
マーシュ（野苣） …… 200㎖分
レモン（くし切り） …… 2切れ
サワードウブレッドなど

作り方

＜アカザエビ＞

1 アカザエビの重量の3倍の湯を沸かし、塩、砂糖、ディルを加える。

2 ぐらぐら沸騰している湯の中にアカザエビを入れ、さっと茹でてザルにあげる。茹で過ぎないように気をつける。

3 粗熱をとり、茹でたてを供する。食べながら、殻をむくとよい。

＜にんにくバジル風味ディップ＞

1 サワークリームにマスタード、潰したにんにく、バジルのみじん切りを加える。

2 塩と胡椒で味を整える。

＜仕上げ＞

茹でたてのアカザエビに、にんにくバジル風味ディップ、マーシュ、レモン、パンを添える。

Krebskalas
Krebs med dilddressing, flute og snaps i glasset
クレブスカラス──クレブス メ ディルドレッシング フリュット オ スナップス イ グラセット

ザリガニ パーティー
──ザリガニ、ディルのドレッシング、バケットにシュナップスを添えて

ザリガニパーティーは、スウェーデンで毎年8月に開かれる伝統的な行事です。
友人が大勢集まり、賑やかに食べて、飲んで、一緒に歌って楽しみます。

材料（3〜4人分）

＜茹でザリガニ＞
活ザリガニ …… 1〜1.5kg
ディルの花 …… 適宜
塩 …… 1ℓにつき、大さじ2
砂糖 …… 1ℓにつき、大さじ1

＜ディルのドレッシング＞
サワークリーム …… 80g
無糖ヨーグルト …… 120g
ディル …… 適宜
ディジョン・マスタード …… 小さじ1
塩・胡椒 …… 適量

＜つけあわせ＞
レモン（くし切り）
サワードゥバケット、パン・ド・カンパーニュなど

＜飲みもの＞
ワイン、ビール、ハーブ風味のシュナップスなど

作り方

＜茹でザリガニ＞
1 ディルの花、塩、砂糖を加えたたっぷりの水を沸騰させ、活ザリガニを6分ほど茹で、火を切る。
2 ザリガニは茹でた湯の中でゆっくり粗熱をとる。

＜ディルのドレッシング＞
1 サワークリーム、ヨーグルト、マスタード、刻んだディルを混ぜる。
2 塩と胡椒で味を整える。

＜仕上げ＞
1 ザリガニを食べる直前に茹で湯から取り出す。
2 ザリガニに、ドレッシングとレモン、パンを添える。

シェフのひとこと

- 本場スウェーデンのザリガニ「クレフトル」の場合、1kgが約30〜35個です。一人当たり10〜15個を目安にしてください。冷凍の茹でザリガニは、季節限定で入手できます。
- ザリガニは、食べながらむくとよいでしょう。たっぷりと身があるわけではないですが、おいしいですよ。指をすすぐ器や殻用の器を用意するといいですね。ザリガニの爪を砕くハサミなどもあると便利です。スウェーデンでは、ザリガニを食べるとき、ステーキカバーや紙エプロン、大きめの紙ナプキンを使います。
- ザリガニは温かいうちにワイン、ビール、シュナップスと一緒にお楽しみください。

フィスクフリカデラ　メ　レムレーデ　オ　ロブロ

Fiskefrikadeller
med remoulade og rugbrød

フィスクフリカデラ メ レムレーデ オ ロブロ

魚の『フリカデラ』——レムラード・ソースとライ麦パンを添えて

『フリカデラ』は、小ぶりに形を整える北欧風ハンバーグです。
魚のフリカデラは、合い挽き肉を魚のすり身に替えて作ります。
いずれも典型的な家庭料理で、年中、頻繁に作られています。

材料（4人分）

＜魚のフリカデラ＞
鱈などの白身魚など（切り身）…… 500g
塩 …… 小さじ1
玉ねぎ …… 60g
胡椒 …… 適量
小麦粉 …… 20g
卵 …… 1個
牛乳 …… 150㎖
オリーブオイル（もしくは、クセのない植物油）
…… 大さじ1
バター …… 25g

＜レムラード・ソース＞
ピクルス（もしくは、イギリス風野菜の
辛子漬け「ピカリリー」）…… 100㎖
マヨネーズ（P.43）…… 100㎖
ケッパー …… 大さじ3
胡椒 …… 適量
エストラゴン …… 3〜4枝（省略できます）
塩 …… 適量

＜つけあわせ＞
ライ麦全粒パン
バター
レモン（スライス）

スウェーデンやノル
ウェーには、鰊や鯖のす
り身を使ったフリカデラ
があります。じゃがいも
やにんじん、塩漬け肉や
ロースト肉の残りも種に
加えて作ります。

作り方

＜魚のフリカデラ＞

1 魚の切り身をいくつかに切り分け、塩と一緒にフードプロセッサーに入れ、ミンチ状にする。フードプロセッサーにかけている間に質感に変化が出て、少し固めの生地になる。

2 生地の半量をボウルに取り分ける。

3 フードプロセッサーに粗くすりおろした玉ねぎ、胡椒、小麦粉、卵を加え、全体がよく混ざるまでフードプロセッサーをかける。

4 牛乳を少しずつ加え、生地をボウルに取り分けておいた魚のすり身に加えてよく混ぜる。

5 フリカデラ生地の入ったボウルを冷蔵庫で30分以上休ませる。

6 冷蔵庫で休ませた生地をよく混ぜ、硬さを確認する。硬すぎるようだったら牛乳を足す。

7 フライパンを熱し、バターとオリーブオイルを敷き、黄金色になるまで待つ。

8 フリカデラ生地をスプーンと手を使い12個くらいの楕円形に成形する。

9 形を整えた生地をフライパンに入れ、片面を7〜8分を目安に中火で焼く。途中、木ベラで返しながら、両面にきれいな焼き色がつくまでしっかり焼く。

＜レムラード・ソース＞

1 ピクルスをみじん切りにする。

2 マヨネーズ、ケッパー、胡椒、エストラゴンのみじん切りを加えてよく混ぜ、塩で味を整える。

＜仕上げ＞

焼きたての魚のフリカデラにレムラードを添え、ライ麦パン、バター、レモンを添える。

Ovnbagt fisk
og rødbedesalat med peberrodsdressing

オーブンバクト フィスク オ ロベーデサラータ メ ペバロドドレッシング

シェフのひとこと
チーズおろし器（グレーダー）は、太千切り器やしりしり用おろし器、鬼おろしなどで代用できます。

白身魚のオーブン焼き
——西洋わさび風味のビーツサラダを添えて

オーブン焼きは簡単で便利な調理法です。季節に応じてつけ合わせを変えて楽しめます。

材料（4人分）※写真は1人分

<白身魚のオーブン焼き>
白身魚（切り身）…… 600g
塩・胡椒 …… 適量
バター …… 25g

<ビーツサラダ>
ビーツ …… 1kg
りんご（酸味の強いもの）…… 200g
西洋わさび（おろしたもの）…… 5cm
サワークリーム …… 40㎖
無糖ヨーグルト …… 210㎖
砂糖 …… 小さじ1
塩 …… 小さじ1/2

作り方 ※写真では、オーブンポテト（P.146）をつけ合わせています。

<ビーツサラダ>

1 分量の半分のビーツを、たっぷりの水で45分ほど、竹串がすっと通るまで茹でる。

2 冷水にとり、皮をこすって剥く。

3 残りの半量のビーツは、生のまま、ピーラーで皮をむく。りんごも皮をむく。

4 チーズおろし器（グレーダー）で、茹でたビーツと生のビーツを粗くおろす。りんごも同様におろす。

5 サワークリームとヨーグルトを合わせ、おろした西洋わさびを加える。

6 5で、ビーツとりんごを和え、砂糖と塩で味を整える。

<魚のオーブン焼き>

1 魚を四等分にし、クッキングシートを敷いた耐熱皿に並べる。

2 175℃に予熱したオーブンで10〜15分ほど焼く。

Norsk fiskesuppe med fløde
ノースク フィスクソップ メ フリューデ

ノルウェー風魚のクリームスープ
このスープは、週末の食事やお客様をお迎えする食事にぴったりです。

シェフのひとこと
鱈以外の白身魚でもおいしく作れます。

フィンランドにもアイスランドにも地元で獲れる魚を使った伝統的なクリームスープがあります。

材料（4人分）※写真は2人分

鱈（切り身）…… 500g

魚のブイヨン …… 1.5ℓ

ポロねぎ（小口切り）…… 400g

にんじん（2mm厚のいちょう切り）…… 130g

フェンネル（にんじんと同じ大きさ）…… 70g

バター …… 25g

小麦粉 …… 25g

卵黄 …… 3個分

生クリーム …… 150㎖

レモン果汁 …… 大さじ2

ディル …… 適宜

パン・ド・カンパーニュなど

作り方

1 鱈の皮を剥がし、身を2cm角に切る。

2 鍋にバターを溶かし、小麦粉を振り入れて炒める。

3 ブイヨンを少しずつ加え、数分ほど煮立たせる。

4 野菜を加え、4〜5分ほど火が通るまで煮る。

5 卵黄と生クリームとレモン果汁をボウルに合わせ、ブイヨン200〜300㎖を少しずつ加える。

6 熱々のスープを混ぜながら5を加えて、とろみをつける。煮立てないこと。

7 鱈を加え、火を止め、蓋をし、魚に火が通るまで5分ほど待つ。

8 塩と胡椒で味を整える。

9 スープを皿に注ぎ、刻んだディルをあしらい、パンを添える。

ステクト シル メ サルビー カトッフェルモス オ チュッテペア

Stegt sild
med salvie, kartoffelmos og tyttebær

ステクト シル メ サルビー カトッフェルモス オ チュッテベア

鰊のバター焼き──セージ・チップス、マッシュポテト、こけももを添えて

鰊は新鮮なものを選んでください。

「収穫鰊」と呼ばれる鰊は脂がのっていて、秋が最もおいしいと言われています。

この料理は、おいしい上に安く作れる典型的な家庭料理です。

多めに鰊を焼いて甘酢につけると、甘酢マリネの鰊（レシピP.61）になります。

材料（2人分）

＜マッシュポテト＞

じゃがいも（煮崩れしやすいもの）…… 500g

牛乳 …… 250㎖（もしくは、湯150㎖と
　　生クリーム100㎖）

バター …… 大さじ1

塩 …… 小さじ1

胡椒 …… 適量

＜セージ・チップス＞

セージの葉 …… 4〜6枚

オリーブオイル …… 大さじ1

フレーク塩 …… 少々

＜鰊のバター焼き＞

鰊の開き …… 4尾

ライ麦全粒粉 …… 100㎖

塩・胡椒 …… 適量

バター …… 50g

＜つけあわせ＞

こけももの砂糖漬け（ジャム）

作り方

＜マッシュポテト＞

1　皮をむき、一口大に切ったじゃがいもを、かぶるくらいの水（分量外）と一緒に鍋に入れ、火にかける。

2　沸騰したら、蓋をして、じゃがいもが柔らかくなるまで、20分ほど茹でて、湯を切る。マッシュポテトに湯と生クリームを使う場合は、茹でた湯を150㎖ほど取り分けておく。

3　じゃがいもをマッシャーか泡立て器でつぶす。

4　牛乳を加え、好みの柔らかさに調節する。バター、塩、胡椒で味を整える。

＜セージ・チップス＞

1　セージをさっと洗って水気を拭く。

2　オリーブオイルを加えたフライパンで、カリカリになるまで火を通し、キッチンペーパーの上で油分を除く。

3　フレーク塩をふる。

＜鰊のバター焼き＞

1　鰊の背びれを切り除き、小さな骨を除く。水気を拭く。

2　ライ麦全粒粉を塩と胡椒で調味し、鰊の身にしっかりとまぶす。

3　コーティング加工のフライパンにバターを溶かし、中火で両面を3分ずつ、きれいな焼き色がつくまで焼く。

＜仕上げ＞

1　パリッと焼けた鰊のバター焼きにセージ・チップスを添え、フレーク塩を飾る。

2　マッシュポテトとこけももの砂糖漬けを添えて供する。

Flade østers med æble og peberrod

フレーデ イュスタス メ エーブル オ ペバロド

ヨーロッパヒラガキ——りんごと西洋わさびのマリネを添えて

デンマーク産のヒラガキは、リム海峡の特産品です。貴重な食材として、特別な日などに使われます。

材料

ヨーロッパヒラガキ生食用
　（デンマーク・リム海峡産）
　…… 一人あたり2〜6個
＜りんごと西洋わさびのマリネ＞
（一人あたり）
りんご（酸味のあるもの） …… 25g
紫玉ねぎ（みじん切り）
　…… 小さじ1/2
りんご酢 …… 小さじ1/2
西洋わさび（すりおろし）
　…… 小さじ1
＜つけあわせ＞
ライ麦全粒パンのトースト

作り方
＜りんごと西洋わさびのマリネ＞
りんごは、小さな角切りにし、残りの材料で和える。

＜牡蠣の供し方＞
1　牡蠣のふくらみのある方（上殻）を下にして置き、ふきんで殻を押さえる。
2　牡蠣専用ナイフの刃先を3〜4㎝の深さに差し込み、刃先を上殻の内側に添って進め、牡蠣の身を傷つけないように貝柱を外し、上殻を取り除く。
3　下殻もナイフを殻に沿うように走らせ、傷つけないように身を外す。
4　殻に牡蠣をのせ、皿に盛りつけ、りんごと西洋わさびのマリネを飾る。
5　薄いライ麦パンのトーストを添える。

Janssons fristelse

ヤンソンス フリステルセ

『ヤンソンの誘惑』──アンチョビ風味じゃがいもグラタン

濃厚な味とボリューム感が魅力のスウェーデン料理の定番です。
一年を通して作ることができますが、寒い時期が最も合うように思います。

材料(2〜3人分)

アンチョビ …… 125g
じゃがいも(長さ5cm・1cm角の
　拍子木)…… 750g
玉ねぎ(薄切り)…… 200g
塩 …… 少々
胡椒 …… 適量
生クリーム …… 250㎖
セミハードタイプのチーズ …… 25g
<つけあわせ>
グリーンサラダ

作り方

1 アンチョビを小さく刻み、じゃがいもと玉ねぎを合わせ、塩と胡椒で味を整える。アンチョビの塩分が高いので、塩の量を控えめにしておくこと。

2 2を耐熱皿に入れ、生クリームを注ぐ。

3 175℃に予熱したオーブンに耐熱皿を入れ、じゃがいもが柔らかく煮えるまで、45分を目安に焼く。

4 おろしたチーズをかけ、5分ほど、チーズが溶けるまで焼く。

5 グリーンサラダを添える。

125

コクト　トースク　メ　デ　ヘーレ

Kogt torsk med det hele

コクト トースク メ デ ヘーレ

茹で鱈——定番のつけ合わせを添えて

伝統的なハレの日の料理です。
華やかな盛り付けと奥行きのある味わいが特徴です。

材料

鱈 …… 1尾（一人あたり225g）
水 …… 魚の重量の3倍
＜水3ℓにつき＞
塩 …… 100㎖
ローリエ …… 3〜4枚
白胡椒（粒） …… 大さじ1
酢 …… 50㎖
＜つけあわせ＞（一人あたり）
茹でじゃがいも …… 200〜250g

＜つけあわせ＞（一人あたり）
茹で卵 …… 1/2個
ベーコン（角切り） …… 30g
ビーツのピクルス（P.59）…… 40g
西洋わさび（すりおろし） …… 大さじ1
パセリ（みじん切り） …… 大さじ1
溶かしバター …… 25g
ケッパー …… 小さじ1
粒マスタード …… 大さじ1
レモン（くし切り）

作り方

＜茹で鱈＞

1 魚の重さに対して魚を茹でる水が1：3の比率になるように計量する。1kgの魚の場合、3ℓの水を用意する。
2 水に、塩・ローリエ・粒胡椒・酢を加えて、沸騰させる。
3 まな板に魚を置き、魚の厚さ（最も厚い部分）を計る。3㎝の厚みの場合、調理時間は10分、7㎝の厚みの場合、調理時間は35分を目安に、魚の厚みで調理時間を計算する。
4 ぐらぐら沸いている湯に魚を入れ、火を止めて、蓋をする。そのまま、魚の厚みによって計算した調理時間が経ったら、魚を取り出す。

＜つけ合わせ＞

1 皮つきのじゃがいもを程よく茹で、皮をむく。
2 卵を固茹でにし、殻を剥き、粗く刻む。
3 ベーコンをフライパンでカリッと焼く。
4 ビーツのピクルスを、刻んだゆで卵と同じ大きさに角切りにする。
5 残りのつけ合わせを用意する。

＜仕上げ＞

皮と骨を除いた魚を皿の中央に置き、つけ合わせを周りに飾る。

ノルウェーではクリスマス料理、デンマークでは大晦日の料理になっています。

Ristet torskerogn
med grønkålssalat med æble og mayonnaise

リステト トースクロン メ グロンコルスサラータ メ エーブル オ マヨネーズ

鱈の子バター焼き──ケールとりんごのマヨネーズ和え

鱈の子は冬に旬を迎えます。ここでは、冬中、収穫できるケールを使ったサラダを組み合わせました。

材料（4人分）※写真は1人分
＜鱈の子バター焼き＞
鱈の子（生）…… 500〜600g
塩・白胡椒 …… 適量
バター …… 約50g
＜ケールとりんごのマヨネーズ和え＞
ケール …… 4〜5枚（200g）
紫玉ねぎ（みじん切り）…… 50g
酸味のある赤いりんご …… 100g
マヨネーズ（P.43）…… 200g
塩・胡椒 …… 適量
＜つけあわせ＞
ライ麦全粒パン、レモン（くし切り）

作り方
＜鱈の子バター焼き＞
1 鱈の子を塩と白胡椒で調味し、クッキングシートで包む。
2 鍋に鱈の子が入った包みを入れ、ひたひたの水（分量外）を注ぎ、弱火で20〜35分を目安に火を通す。鱈の子の大きさで茹で時間が左右するので、中心温度が50℃になるのを目安にしてもよい。
3 鱈の子を取り出し、粗熱をとり、1.5cmの輪切りにする。
4 バターを温めたフライパンで、鱈の子のスライスを焼く。
5 ケールとりんごの和えものと一緒に、ライ麦パンとレモンのくし切りを添える。
＜ケールとりんごの和えもの＞
1 ケールの葉を茎から外し、みじん切りにする。りんごを小さな角切りにする。
2 1と紫玉ねぎをマヨネーズで和え、塩と胡椒で味を整える。

北欧の魚介類

Fisk og skaldyr i Norden

北欧は、海岸線や湖が多く、さまざまな種類の魚介類を捕獲できます。海水と淡水に生息する多様な魚介類には、それぞれの旬があります。この章では、最も一般的な魚介類を使い、よく知られているレシピをご紹介しました。

北欧では、鰊の塩漬けや塩だらといった塩を用いた保存方法が伝統的に用いられてきました。魚をマリネすることも一般的に普及しています。その他、冷凍品や缶詰などがあります。

鰊は、北欧全土で食されている魚です。クリスマスや復活祭などで、焼いたり、マリネにしたり、漬けたりした、さまざまな種類の鰊料理を並べるのは、北欧料理の特徴の一つです。

甲殻類は、主に夏に食します。海老、ザリガニ、蟹、アカザエビ、オマール海老は、立派で特別なご馳走です。鱈は人気がある魚で、煮たり、オーブンで焼いたり、フライパンで焼いたりして食します。カレイや平目のような白身魚は、バターで焼くことが一般的です。鮭は、かつては天然のものしか存在しませんでしたが、今はノルウェーで養殖されたものが一般的になり、手軽に入手できる食材となっています。魚介類には高価なものもありますが、新鮮で手頃な価格のものも豊富です。

スウェーデンの田舎で釣りたての魚を販売する小屋です。

5

肉料理

✳ ✳ ✳

Kød & Fjerkræ

普段の食事では、肉料理はたいてい夕食に用意します。
毎日の食材としては、合挽き肉や鶏肉がよく使われます。
週末やお祝いの席には、
ローストビーフやローストポークといった塊肉を用意します。

フュンスフリカッセ

Hønsefrikassé

フュンスフリカッセ

鶏のフリカッセ

昔は、卵を産めなくなった老雌鳥で作っていましたが、
今では若鶏を使うことが一般的です。ソースがおいしい煮込み料理として
人気があります。夏野菜や冬野菜でもおいしく作れます。

シェフのひとこと

丸鶏一羽は、骨つき鶏もも
肉1.5kg分で代用できます。
鶏を煮る時に使う香味野菜
は、味の強い野菜と香り高
い野菜と甘い野菜を組み合
わせてください。

材料（5〜6人分）※写真は1人分

＜茹で鶏＞
丸鶏 …… 一羽（約1.5 kg）
ポロねぎ …… 200g
玉ねぎ …… 100g
にんじん …… 150g
根セロリ …… 200g
フェンネル …… 70g
水1Lにつき、塩 …… 小さじ2
ローリエ …… 2枚
コリアンダー（粒）…… 小さじ1
胡椒（粒）…… 小さじ1
タイム …… 1〜2枝

＜フリカッセの具＞
茹で鶏
グリーンアスパラガス …… 500g
新にんじん …… 500g
鞘入りグリーンピース …… 250g

＜クリームソース＞
鶏の煮汁 …… 800 ㎖
バター …… 40g
小麦粉 …… 40g
生クリーム …… 250 ㎖
卵黄 …… 3個分
塩・胡椒 …… 適量
レモン果汁 …… 少々
レモンの皮 …… 少々

＜あしらい＞
ディル …… 適量
あさつき …… 適量

＜つけあわせ＞
茹でた新じゃがいもなど …… 1.5 kg

作り方

＜茹で鶏＞

1 丸鶏の背を開き、平たくする。必要に応じて、足の部分を切り取る。鶏を鍋に入れ、鶏がかぶるくらいの水を計りながら入れ、レシピ記載の水と塩の割合を計算した上で、必要な塩を加える。

2 ゆっくりと火を入れながら、アクをとる。

3 茹で鶏用の香味野菜をざく切りにし、香辛料と共に鍋に入れる。

4 煮汁を一煮立ちさせた後、蓋をして、弱火で45分ほど、肉に火が通り柔らかくなるまで煮込む。

5 鶏肉を取り出し、煮汁を濾す。煮込んだ野菜と香辛料は取り除く。

6 煮汁の味を確かめる。煮汁の味が薄い場合は、強火で煮汁を煮詰める。

＜フリカッセの具＞

1 茹で鶏の皮と骨を除く。鶏肉は手で大きめに割き、取り分けておく。

2 アスパラガスの根元を折って取り除き、3cmの長さに切り、にんじんは3mmの輪切りにし、鶏の煮汁で少し硬めに茹でる。

3 グリーンピースを鞘から出す。

＜クリームソース＞

1 バターを鍋に入れて溶かし、小麦粉を加えて、炒める。煮汁を少しずつ加えていき、その度にダマにならないようによく混ぜる。しっかり底からよく混ぜ続けながら5分ほど弱火で煮る。

2 ボウルに生クリームと卵黄をよく合わせ、熱いソースを少しだけ加えてよく混ぜる。これを煮立っているソースの鍋に加え、よく混ぜ合わせる。ソースを火から下ろす。

3 鶏肉、アスパラガス、にんじん、グリーンピースを熱いソースに入れ、全体をさっくりと混ぜる。

4 塩、胡椒、レモン果汁、レモンの皮で味を整える。

＜仕上げ＞

フリカッセを皿に盛り付け、ディルとあさつきをたっぷりあしらい、茹でたてのじゃがいもを添える。

Stegt kyllingebryst med salt rabarberkompot

ステクト キュリングボロスト × サルト ラバーバコンポート

鶏胸肉のフライパン焼き──ルバーブの塩味コンポートを添えて

ルバーブと新じゃがという夏の組み合わせです。普段の料理として、また、週末の料理としてお勧めです。

材料（4人分）※写真は1人分

＜鶏胸肉のフライパン焼き＞
鶏胸肉（皮つき・手羽骨部つき）
　…… 4枚
オリーブオイル …… 大さじ2〜3
塩 …… 適量
フレーク塩 …… 適量
＜ルバーブの塩味コンポート＞
ルバーブ（葉の部分を除く）…… 250g
砂糖 …… 75g
塩 …… 小さじ1
ディジョン・マスタード …… 小さじ1
りんご酢 …… 小さじ½
＜つけあわせ＞
茹でた新じゃがいも
グリーンカールレタス

作り方

＜鶏胸肉のフライパン焼き＞

1　水気を取り除いた鶏肉にオリーブオイルを擦り込む。

2　コーティング加工のフライパンを熱し、パレットなどで鶏肉を押さえながら、皮目の方にきれいな焼き色をつける。肉の側を塩で調味する。

3　反対側にも焼き色をつける。火を弱め、両面を7〜8分ずつ全体に火が通るまで焼く。200℃に予熱したオーブンで、20分ほど焼いてもよい。

4　供するまで5分ほど休ませる。皮目にフレーク塩をふる。

＜ルバーブの塩味コンポート＞

1　1cm幅に切ったルバーブを耐熱皿に入れ、砂糖と塩をまぶす。

2　200℃に予熱したオーブンで、20分ほど、ルバーブに火が通るまで焼く。

3　オーブンから取り出し、マスタードと酢を加えてから、粗熱をとる。

＜仕上げ＞

茹でた新じゃがいもとグリーンカールレタスをつけ合わせる。

Smørstegt schnitzel med sommergrønsager

スマアステクト スニッツェル オ サマーグロンセイア

バター風味の薄焼きカツレツ『シュニッツェル』——夏野菜を添えて

パリッと焼かれたバター風味のシュニッツェルは、週末の食事にぴったりです。

材料（2人分）※写真は1人分

＜シュニッツェル＞

シュニッツェル用の仔牛肉 …… 2枚

小麦粉 …… 大さじ1

卵 …… 1個

パン粉（細目）…… 100㎖

塩・胡椒 …… 適量

バター …… 30g

＜つけあわせ＞

レモン（輪切り）…… 2枚

小さな鰊のフィレ・マリネ（もしくは、
　アンチョビ）…… 4〜6枚

ケッパー …… 大さじ1

＜夏野菜＞

カリフラワー、いんげん、
　新にんじんなど …… 約300g

作り方

1 野菜を食べやすい大きさに切り、程よく茹でる。

2 シュニッツェル用の肉は、肉叩きなどで叩いて薄くのばし、小麦粉、溶き卵、
　塩と胡椒で調味したパン粉の順につける。

3 フライパンにバターを入れて熱し、肉を入れて両面にこんがりした焼き色を
　つける。

4 火を弱め、両面に各3分ほど火を通す。

5 焼きあがったシュニッツェルの上に、レモンと鰊のフィレとケッパーを飾る。

6 茹でたての野菜を添える。

※写真では、茹でた新じゃがいもとパセリをつけ合わせています。

135

ホットドッグ メリステデロイ

Hotdog med ristede løg

ホットドッグ メ リステデ ロイ

ホットドッグ──玉ねぎの揚げ焼き添え

ホットドッグは、大人も子どもも大好きな一品です。
普段の食事にも用意しますが、急ぐ時にソーセージ屋台で食べたりもします。

材料（8個分）※写真は3人分

ホットドッグ用パン …… 8個
ホットドッグ用ソーセージ …… 8本
＜玉ねぎの揚げ焼き＞
玉ねぎ …… 200g
クセのない油 …… 100㎖
砂糖 …… 小さじ2

＜つけあわせ＞
マヨネーズ …… 150㎖（P.43）
きゅうりのピクルス …… 200g（P.59）
ディジョン・マスタード …… 大さじ2〜3
トマトケチャップ …… 200〜300㎖

作り方

＜玉ねぎの揚げ焼き＞

1 玉ねぎを薄い輪切りにし、褐色に色づき始めるまで、15分ほど油で揚げ焼きにする。

2 砂糖を加え、さらに数分、火を通す。

3 網の上に、揚げた玉ねぎを重ならないように並べ、油をきる。

＜つけあわせ＞

1 マヨネーズに空気を入れるように混ぜる。

2 きゅうりのピクルスは水気を切り、小さな角切り、もしくは薄切りにする。

＜ホットドッグ用ソーセージ＞

1 ソーセージをグリルもしくはグリルパンで焼く。油（分量外）を少量ひいたフライパンで焼いてもよい。ソーセージを竹串やフォークで数カ所さしておくと、ソーセージの皮が破れないのできれいに仕上がる。

2 ソーセージの大きさや太さにもよるが、10分を目安に、ソーセージに完全に火が通り、全体にきれいな焼き色がつくまで焼く。

＜仕上げ＞

1 ホットドッグ用のパンをトースターかグリルで温める。

2 パンを切り開き、マヨネーズを塗る。

3 ソーセージをはさみ、きゅうりのピクルスと玉ねぎの揚げ焼きをのせ、ソーセージの脇にマスタードとケチャップを添える。

シェフのひとこと

ホットドッグ用ソーセージには、クオリティの高いものを選んでくださいね。マヨネーズは、サワークリーム150㎖を塩と胡椒で味を整えたものでも代用できます。

フリカデラ オ コル カトッフェルサラータ

138

Frikadeller
og kold kartoffelsalat

フリカデラ オ コル カトッフェルサラータ

デンマーク風ハンバーグ『フリカデラ』
—— ポテトサラダを添えて

『フリカデラ』は、典型的な家庭料理です。
ポテトサラダとの組み合わせは、夏の王道の組み合わせです。
旬の野菜で作ったサラダにライ麦パンを添えることもできます。

材料（4人分）※写真は2人分

＜フリカデラ＞	＜ポテトサラダ＞
豚ひき肉（もしくは、合挽き肉）…… 500g	新じゃがいも …… 750g
塩 …… 小さじ2	マヨネーズ（P.43）…… 100〜150㎖
胡椒 …… 適量	無糖ヨーグルト …… 200㎖
オールスパイス・パウダー …… 小さじ½	ディル …… 適量
玉ねぎ …… 50g	ディジョン・マスタード …… 小さじ1
卵（Lサイズ）…… 1個	塩・胡椒 …… 適量
小麦粉 …… 30g	
牛乳 …… 約250㎖	
バター …… 25g	
油 …… 大さじ2	

作り方
＜フリカデラ＞

1 ひき肉に塩を加え、よく練る。胡椒、オールスパイス、玉ねぎのすりおろしを加える。

2 卵を溶いて、ひき肉生地に加える。小麦粉を加えた後に牛乳を少し加え、生地をよく混ぜ合わせる。残りの牛乳を少しずつ加えていき、なめらかな生地に仕上げる。

3 生地を冷蔵庫で30分以上休ませた後、もう一度、よく混ぜ合わせる。必要に応じて、牛乳を足す。柔らかい生地が望ましいが、流れるほどの柔らかさにならないように注意する。

4 フライパンにバターと油を入れて熱する。フリカデラ生地をスプーンで使って12〜15個の楕円形に成形する。

5 成形した生地をフライパンに入れ、中まで火が通り、両面にきれいな焼き色がつくまで、15分くらい中火で焼く。

＜ポテトサラダ＞

1 じゃがいもを茹でて冷まし、輪切り、もしくは食べやすい大きさに切る。

2 マヨネーズをヨーグルトと混ぜ、ディルのみじん切りを加える。

3 塩、胡椒、マスタードで味を整える。

フリカデラは、デンマークでけでなく、スカンジナビア半島でも作られています。それぞれ、少しずつ形や大きさが異なります。ノルウェーでは、焼いたフリカデラにブイヨンを加えて煮込んだ「煮込みフリカデラ」も作られています。

シェフのひとこと
- 仔牛や羊のひき肉でもおいしくできます。
- 無糖ヨーグルト200㎖はサワークリーム80㎖と無糖ヨーグルト120㎖の組み合わせでもOKです。

ファセアト キュリング アグアクサラータ オ グロン サラータ

140

Farseret kylling
Agurkesalat og grøn salat

ファセアト キュリング アグアクサラータ オ グロン サラータ

骨抜き丸鶏のパテ入りロースト
——きゅうりのサラダとグリーンサラダ

北欧風ハンバーグの種を詰めた鶏のローストは、素敵なお招き料理です。

シェフのひとこと

- 合挽き肉には、豚肉と仔牛肉の合挽きを使います。豚肉と牛肉の合挽き肉で代用できます。
- タイムの葉（フレッシュ）が手に入らない場合、乾燥タイム小さじ2で代用できます。
- 鶏肉にハンバーグの種を詰めた段階で数時間ほど冷蔵保存できますが、必ず同日に焼き上げてください。

材料（6〜8人分）

＜丸鶏の下準備＞

丸鶏 …… 1羽（約1.5kg）

塩 …… 適量

胡椒 …… 適量

＜パテの種＞

合挽き肉 …… 400g

塩 …… 小さじ1½

レモンの皮（すりおろし）…… 小さじ2

タイムの葉（フレッシュ）…… 大さじ2

胡椒 …… 適量

卵 …… 1個

パン粉 …… 50g

牛乳 …… 150〜200㎖

＜丸鶏のパテ入りロースト＞

オリーブオイル …… 50㎖

バター …… 75g

水 …… 200㎖

塩 …… 適量

胡椒 …… 適量

にんにく …… 1片

＜きゅうりのサラダ＞

きゅうり …… 300g

塩 …… 小さじ1½

りんご酢（もしくは、白ワインビネガー）
　　…… 100㎖

砂糖（もしくは、蜂蜜）…… 大さじ1

＜グリーンサラダ＞

P.145参照

＜つけあわせ＞

茹でたてのじゃがいも …… 1.5kg

作り方

＜パテの種＞

P.139のフリカラデの作り方1〜3を参照する。

＜丸鶏の骨抜きとパテ詰め＞

1 丸鶏を胸の部分を下にしてまな板に置き、背骨に沿って、皮に刃を入れる。

2 肋骨に沿って包丁の刃を入れ、手羽元を切り離す。

3 胴体側のガラを繋ぐ関節に沿って包丁を入れて、胸骨あたりの肉を胴体のガラから外す。

4 もう一方の面も同様に処理する。パテの種が出てしまうことがあるため、胸骨あたりの薄皮が破れないように注意すること。

5 もも肉は、切り離さないで一緒にローストする。

6 鶏肉と皮目を下に広げ、塩と胡椒で調味する。

7 鶏肉の上にパテの種をのせ、爪楊枝などで鶏肉の左右両脇を合わせて閉じる。タコ糸などで合わせ目をざっと縫って閉じてもよい。

8 鶏肉の閉じ目を下にして、耐熱皿にいれる。胸肉の部分が上になる。

＜ロースト＞

1 200㎖の水を耐熱皿に入れ、鶏を置き、皮にオリーブオイルを刷り込み、バターを小さく切って全体に散らす。塩と胡椒で調味する。

2 にんにくを、皮付きのまま、耐熱皿に入れる。

3 耐熱皿をオーブンで、60〜75分ほど、肉の中心温度が75℃になるまで焼く。

＜きゅうりのサラダ＞

1 きゅうりをごく薄切りにして、塩をまぶす。

2 酢と砂糖を混ぜ、きゅうりと和え、30分以上、味をなじませる。

＜仕上げ＞

1 丸鶏のローストをスライスし、きゅうりのサラダ、グリーンサラダ、茹でたてのじゃがいもを添える。

Pølser med kartoffelsalat

プルサ メ カトッフェルサラータ

ソーセージ──北欧風ポテトサラダ

典型的な家庭料理です。忙しい時に、手早く作れます。

材料（4人分）※写真は1人分

牛肉ベースのソーセージ（もしくは、
　　ウィンナー・ソーセージ）…… 4本
＜北欧風ポテトサラダ＞
茹でた新じゃがいも …… 800g
パセリ …… 400㎖
サワークリーム …… 240g
ディジョン・マスタード
　　…… 小さじ1½
にんにく …… 1片
塩 …… 適量
胡椒 …… 適量
＜つけあわせ＞
トマトケチャップ …… 適量
マスタード …… 適量
パセリ …… 適宜

作り方
＜北欧風ポテトサラダ＞

1　茹でた新じゃがいも（常温）を、くし切り、もしくは輪切りにする。
2　パセリの軸の太い部分を取り除き、サワークリーム、ディジョン・マスタード、潰したにんにくと一緒にフードプロセッサーに入れ、クリーム状になるまで攪拌する。（攪拌しすぎると分離するので気をつけること。）塩と胡椒で味を整える。
3　2で、じゃがいもを和える。

＜ソーセージ＞

1　鍋に湯をたっぷり沸かす。
2　鍋を火から下ろして、ソーセージを入れ、10分ほど待つ。

＜仕上げ＞

温かいソーセージに、ポテトサラダ、ケチャップ、マスタードを添える。パセリをあしらってもよい。

Pølser med kartoffelsalat / Krebinetter med bønner og gulerødder

5.Kød & Fjerkræ

Krebinetter med bønner og gulerødder

クレビネッテ メ ブナー オ グルロド

挽き肉ステーキ『カレビネッテ』——いんげん・にんじん添え

普段の献立によく使われます。ポテトサラダやオーブン野菜を組み合わせてもOK。

材料（2人分）

＜挽き肉ステーキ＞
合挽き肉 …… 300g
小麦粉 …… 大さじ2
塩・胡椒 …… 適量
オリーブオイル …… 大さじ1
バター …… 25g

＜野菜＞
にんじん …… 300〜400g
にんにく …… 4〜6片
バター …… 25g
いんげん …… 150g
セイボリー（もしくは、タイム）
　　…… 1〜2枝
レモン果汁 …… 小さじ2
塩・胡椒 …… 適量

作り方

＜野菜＞

1. にんにくをバターで色がつかないように炒め、いんげんを同じくらいの大きさに切ったにんじんと水を加え、蓋をして数分ほど火を通す。

2. いんげんを加え、時々混ぜながら、水分を蒸発させる。

3. セイボリーを加え、塩、胡椒、レモン果汁で調味する。

＜挽き肉ステーキ＞

1. 挽き肉を1.5〜2cm厚の円盤形に成形する。小麦粉をまぶし、塩と胡椒で調味する。

2. フライパンにオリーブオイルを熱し、成形した肉だねを入れ、表面にきれいな焼き色をつける。

3. 火を弱め、両面を6分くらいずつ焼く。バターを加え、ブクブクと泡だったバターをすくい、肉に何度も絡ませる。

※写真では茹でじゃがいもをつけ合わせています。

シェフのひとこと

- 合挽き肉は、豚ひき肉でも代用できます。
- 挽き肉ステーキは、厚さ1mmに対して片面1分の換算でステーキを焼けば、ちょうどよい火の通り加減になります。

センネップスコトレット　オ　グロン　サラータ　メ　モアモアドレッシング

Sennepskotelet
og grøn salat med mormordressing
センネップスコトレット オ グロン サラータ メ モアモアドレッシング

マスタード風味豚ロース・ステーキ
──『おばあちゃんのドレッシング』で和えたグリーンサラダを添えて

フライパンで簡単に作ることができる料理です。
マスタードは、北欧料理で最も古い香辛料の一つで、豚料理によく合います。

材料（2人分）※写真は1人分

<豚ロース・ステーキ>
骨つき豚ロース肉ステーキ用 …… 2枚
塩 …… 適量
胡椒 …… 適量
ディジョン・マスタード …… 100㎖
タイム …… 2枝

<グリーンサラダ>
『おばあちゃんのドレッシング』
生クリーム …… 100㎖
砂糖 …… 小さじ1
レモン果汁 …… 小さじ2
りんご酢（もしくは、白ワインビネガー）
　　　…… 小さじ1/2
ベビーリーフ（ルッコラ）…… 500㎖分
きゅうり（輪切り）…… 100g
紫玉ねぎ（極薄スライス）…… 50g
ディル（みじん切り）…… 3〜4枝分

作り方

<グリーンサラダ>

1 『おばあちゃんのドレッシング』を作る。生クリームに砂糖、レモン果汁、酢を加えて、15〜30分ほど、自然にとろみがつくまで休ませる。

2 供する直前に、ベビーリーフ、きゅうり、玉ねぎ、ディルをドレッシングと和える。

<豚ロース・ステーキ>

1 豚ロースの両面を塩・胡椒で調味する。

2 熱したフライパンに豚ロースの背脂の部分が下になるように入れ、トングなどで肉を立てて脂身を焼く。

3 フライパンに溶けた脂が黄金色になり、十分な脂が溶けたら、肉の両面にきれいな焼き色をつける。その後、片面を3〜4分ずつ焼く。骨が付いている部分にも火が通っているか確認する。

4 焼けた肉にマスタードを塗り、マスタードが温かくなるまで火を通す。

5 火を止め、5分ほど肉を休ませる。

<仕上げ>

豚ロース・ステーキに『おばあちゃんのドレッシング』で和えたグリーン・サラダを添える。じゃがいもをつけ合わせてもよい。

Kyllingelår med ovnbagte grøntsager og kartofler

キュリングロー　メ　オーブンバクト　グロンセイア　オ　カトッフェラー

鶏もも肉と野菜のオーブン焼き──オーブンポテトを添えて

すべてをオーブンで作る簡単料理です。根菜をオーブンで焼く調理法は、
この25年くらいの間に、家庭料理としてすっかり定着しました。

シェフのひとこと
ローズマリーは、乾燥ローズ
マリー小さじ1/2で代用でき
ます。

材料（2人分）※写真は1人分

骨つき鶏もも肉 …… 2本
オリーブオイル …… 大さじ1
塩・胡椒 …… 適量
にんじん（拍子木）…… 200g
パースニップ（拍子木）…… 100g
紫玉ねぎ（くし形）…… 1個
オリーブオイル …… 大さじ2
レモン（くし切り）…… 半個
＜オーブンポテト＞
じゃがいも（くし形）…… 500g
オリーブオイル …… 大さじ2
ローズマリー（フレッシュ）
　　…… 小さじ1
フレーク塩 …… 小さじ1/2

作り方

1 にんじん、パースニップ、紫玉ねぎにオリーブオイルをまぶし、クッキングシー
　トを敷いた天板に並べる。レモンも並べる。

2 じゃがいもをオリーブオイルとローズマリーで和え、天板に並べる。

3 鶏もも肉にオリーブオイルを擦り込み、塩と胡椒で調味し、耐熱皿に並べる。

4 鶏もも肉を175℃に余熱したオーブンで15分ほど焼く。

5 オーブンの温度を200℃に上げて、野菜とじゃがいもが入った天板を入れ、
　30分ほど、鶏皮がパリッとし、骨の周りの肉に火が通るまで焼く。時々、上
　下左右を返す。

6 鶏もも肉を取り出し、休ませる。野菜もいい具合に焼けていれば、一緒に取
　り出す。

7 オーブンの温度を225℃に上げて、15分ほど、じゃがいもがカリッとするま
　で焼き、フレーク塩をまぶす。

> スウェーデン、ノルウェー、フィンランドには、鹿肉だけではなく、地元の森で獲れるヘラジカやトナカイなどを同じ森で採れる野生のきのこと一緒に煮込んだ料理が猟師の料理として残っています。コケモモのコンポートをつけ合わせます。

Vildtragout med kantareller

ヴィルラグー メ カンタレラ

鹿肉の煮込み──ジロール茸入り

秋になると狩猟が解禁になるため、ジビエ料理が登場します。
ジビエ料理には、鍋で煮込んだソース仕立ての料理が多く存在します。

シェフのひとこと

ポロねぎは、長ねぎなどで代用できます。一般的なきのこを数種類合わせても、おいしい一品になります。

材料（4人分）※写真は1人分

鹿肉（煮込み用）…… 600g
ベーコン …… 100g
塩・胡椒 …… 適量
トマトピューレ …… 大さじ1
小麦粉 …… 大さじ3
赤ワイン・水 …… 各200㎖
ジュニパーベリー …… 5粒
ローリエ1枚、胡椒1粒、サルビーの葉、タイムやローズマリーの枝
ポロねぎ（輪切り）…… 2本
パースニップ …… 250g
生クリーム …… 100㎖
ジロール茸 …… 250g

作り方

1 2.5ℓ容量の鍋を温め、小さめに切ったベーコンを焼き、ベーコンの脂で2㎝角に切った鹿肉の表面に焼き色をつける。

2 塩と胡椒で調味し、トマトピューレを加える。

3 小麦粉を振り入れ、脂分をまとめる。

4 ワインと水を加えて沸騰させる。だし袋に入れた香辛料とハーブを加える。

5 蓋をして40分ほど弱火で煮込む。途中で時々かき混ぜる。

6 ポロねぎと食べやすい大きさのパースニップを加え、10分ほど煮込む。

7 ブーケガルニとハーブを取り除き、生クリームを加えて煮立たせる。

8 ジロール茸の汚れを取り除き、大きいものはいくつかに分ける。

9 油をひかないフライパンでジロール茸を強火で炒め、供する直前に煮込みに加え、塩・胡椒で味を整える。

※写真の鹿肉の煮込みにはマッシュポテト（P.163）とパセリをあしらっています。

147

Fasan stegt med bacon ovnbagte rodfrugter og brombær

ファサン ステクテ メ ベーコン オーブンバクト ロドフロクタ オ ブロムベア

雉胸肉のベーコン巻き——根菜のオーブン焼きとブラックベリーを添えて

雉肉は、淡白で上品な味です。燻製ベーコンと一緒に焼くと、一層、おいしくなります。

材料(4人分) ※写真は1人分

＜根菜のオーブン焼き＞
根菜(にんじん、根セロリなど) …… 800g
オリーブオイル …… 大さじ3
りんご酢 …… 大さじ3

＜雉胸肉のベーコン巻き＞
雉胸肉(大きめのもの) …… 4枚
塩・胡椒 …… 適量
ジュニパーベリー …… 小さじ1
ベーコン …… 12枚

＜つけあわせ＞
完熟ブラックベリー …… 100g
はちみつ …… 大さじ1
サワークリーム …… 100g
ディジョン・マスタード …… 大さじ1
塩・胡椒 …… 適量

作り方

＜根菜のオーブン焼き＞

1 P.146の作り方1.を参照し、200℃のオーブンで、45分ほど野菜に火が通るまで焼く。タイムを2～3枚加えて焼くと香りがよい。

2 りんご酢と塩(分量外)で味を整え、パセリ(分量外)をあしらう。

＜雉胸肉のベーコン巻き＞

1 塩と胡椒に砕いたジュニパーベリーを混ぜたものを、雉胸肉にまんべんなくまぶす。

2 ベーコンで雉胸肉を巻き、クッキングシートを敷いた天板に並べる。

3 根菜のオーブン焼きが焼き上がる15分前に雉胸肉のベーコン巻きをオーブンに入れ、一緒に焼く。

4 根菜を取り出した後、オーブンを225℃に上げ、ベーコンにきれいな焼き色をつける。

＜つけあわせ＞

1 ブラックベリーをはちみつで和える。

2 サワークリームにマスタードを加え、塩と胡椒で味を整える。

Kjöttbullar med lingonsylt

キュトブラー　メ リンゴンシュルテ

スウェーデン風ミートボール——こけももジャム添え

スウェーデンを代表するこの料理は、家庭料理の王道です。

フィンランドでは、ヘラ
ジカでもミートボールを
作ります。じゃがいもや
クリスプブレッドを添え、
キャベツやにんじんのサ
ラダをコケモモと一緒に
用意します。

材料（4～5人分）※写真は2人分

＜ミートボール＞（25個）

牛挽き肉 …… 500g

卵 …… 1個

パン粉（細目）…… 100㎖

塩 …… 小さじ1

玉ねぎ …… 60g

牛乳（もしくは、水）…… 100㎖

クセのない植物油 …… 約150㎖

こけももジャム …… 75g

＜クリームソース＞

バター、小麦粉 …… 各25g

牛乳 …… 300㎖

生クリーム …… 100㎖

塩・胡椒 …… 適量

オールスパイス・パウダー …… 小さじ1/2

作り方

1 挽き肉に卵、パン粉、塩、おろした玉ねぎ、牛乳を加え、よく練り、冷蔵庫で30分ほど休ませる。

2 ミートボールの生地を手で25個の丸いボールに成形する。

3 高さのある鍋に油を入れ、中火でミートボールの中心まで火を通す。

4 こけももジャムを添える。

＜クリームソース＞

1 鍋にバターを溶かし、小麦粉を加えてバターと混ぜる。

2 泡立て器で混ぜながら牛乳を少しずつ加え、なめらかなソースを作る。

3 木べらで混ぜながら、弱火で5分ほど煮る。

4 生クリームを加え、塩、胡椒、オールスパイスで味を整える。

※写真は、茹でじゃがいもを添え、パセリをあしらっています。

フォローン ハアメ フリューデソウス オリブスジェレ

Forloren hare med flødesovs og ribsgelé

フォローン ハア メ フリューデソウス オ リブスジェレ

ミートローフ『うさぎ肉もどき』──クリームソースと赤すぐりのジュレを添えて

『うさぎ肉もどき』はミートローフの一種で、週末のごちそう家庭料理やお祝いの席などによく合う一品です。

材料（4〜5人分）

＜ミートローフ＞
合挽き肉 …… 500g
パン粉（細目）…… 100㎖
牛乳 …… 100㎖
塩 …… 小さじ1
胡椒 …… 適量
オールスパイス・パウダー …… 小さじ1
卵 …… 2個
ベーコン（薄切り・15㎝ほどの長さ）
　　…… 12枚
生クリーム …… 250㎖
水 …… 100㎖

＜クリームソースのとろみづけ＞
小麦粉 …… 大さじ2
水 …… 100㎖
塩 …… 適量
胡椒 …… 適量

＜野菜＞
じゃがいも（小ぶりで煮崩れしないタイプ）
　　…… 1㎏
セロリ …… 500g
バター …… 25g
塩 …… 適量
胡椒 …… 適量

＜つけあわせ＞
赤すぐりのジュレ …… 100g
イタリアン・パセリ …… 適宜

作り方

1 ボウルに挽き肉を入れ、パン粉、牛乳、塩、胡椒、オールスパイスと一緒に混ぜる。
2 卵を割り入れ、ミートローフの生地をよく練り混ぜる。
3 耐熱皿に油（分量外）を塗り、なまこ型に成形した生地を置く。
4 ベーコンをミートローフの表面に巻きつけるように横に並べる。
5 生クリームと水を耐熱皿に注ぐ。
6 耐熱皿をオーブンに入れ、175℃に設定し、肉の中心温度が75〜80℃になるまで、45分ほど焼く。

＜野菜＞

1 皮付きのじゃがいもを塩茹でにし、粗熱をとって皮をむく。大きなものは食べやすい大きさに切る。
2 5㎜厚に切ったセロリとバターを鍋に入れ、中火で程よく炒める。
3 茹でたじゃがいもを加えて、全体を混ぜる。塩と胡椒で味を整える。

＜仕上げ＞

1 ミートローフをまな板の上に移す。
2 耐熱皿の中のソースを鍋に移し、沸騰させる。
3 ソースにとろみをつけるため、水で溶いた小麦粉を加え、泡立て器でよく混ぜながら、5分ほど煮詰める。塩と胡椒で味を整える。
4 ミートローフを2㎝厚に切る。
5 じゃがいもとセロリ、クリームソース、赤すぐりのジュレを添え、パセリをあしらう。

ノルウェーには、トナカイのローストを同じように調理し、クリームソースとコケモモのコンポートを添える料理があります。

シェフのひとこと
合挽き肉には、豚肉と仔牛肉の合挽きを使います。豚肉と牛肉の合挽き肉で代用できます。

Bøf Lindstrøm med svensk rodfrugtsmos

ビュッフ リンドストロム メ スヴェンスク ロドフロクトモス

牛ひき肉のステーキ・リンドストローム風
——スウェーデン風根菜マッシュを添えて

牛ひき肉のステーキは、普段の献立として使われています。リンドストローム風は、ビーツのピクルス、ケッパー、玉ねぎを混ぜた牛ひき肉ステーキです。根菜マッシュは冬の料理で、ソース仕立ての煮込み料理などにもよく合います。

材料（4人分）※写真は2人分

牛挽き肉 …… 500g
ビーツのピクルス（P.59）…… 75g
ケッパー …… 大さじ1
玉ねぎ（みじん切り）…… 大さじ2
バター …… 大さじ1
オリーブオイル …… 大さじ1
塩・胡椒 …… 適量
＜根菜マッシュ＞
じゃがいも …… 500g
にんじん …… 300g
ルタバガ（P.217）…… 400g
バター …… 50g
塩・胡椒・パセリ …… 適量

作り方
＜ステーキ・リンドストローム風＞
1 挽き肉にビーツ（小さな角切り）、ケッパー、玉ねぎを加えて練り混ぜる。
2 生地を四つに分けて、3〜4cm厚のハンバーグ型に成形する。
3 バターとオリーブオイルを加えたフライパンをよく熱し、塩・胡椒で調味した挽き肉ステーキを両面1分ずつ焼き、きれいな焼き色をつける。
4 火を弱めて、両面を3〜4分くらいずつ中火で火を通す。
＜根菜マッシュ＞
1 根菜の皮をむき、適当な大きさに切った後、柔らかくなるまで茹でる。
2 茹で汁を300mℓほど取り分けておき、茹でた野菜を木べらで潰し、バターを加え、好みのゆるさになるまで、茹で汁で調節する。
3 木べらで混ぜながら根菜マッシュに火を通す。
4 塩と胡椒で味を整え、パセリをあしらう。

Medisterpølse med varm kartoffelsalat og sennep

メディスタプルサ メ ヴアーム カトッフェルサラータ オ センネップ

腸詰めハンバーグ『メディスタ・ソーセージ』
── 温かいポテトサラダとマスタードを添えて

『メディスタ・ソーセージ』は冬の定番で、クリスマスの料理の一部にもなっていますが、
夏にも夏野菜や夏らしいサラダを添えたグリル料理として楽しめます。

シェフのひとこと

『メディスタ・ソーセージ』
は、自家製ソーセージを作
る要領で『フリカデラ』の生地
（P.139）をソーセージ用羊
腸に詰めて作れます。

材料（4人分）※写真は1人分

『メディスタ・ソーセージ』…… 750g

バター …… 25g

＜温かいポテトサラダ＞

じゃがいも …… 1kg

玉ねぎ（輪切り）…… 250g

バター …… 50g

水 …… 約200㎖

りんご酢 …… 約75㎖

砂糖 …… 少々

塩 …… 小さじ2

胡椒 …… 適量

パセリ …… 適量

粒マスタード …… 適量

作り方

＜温かいポテトサラダ＞

1 塩茹でにしたじゃがいもの皮をむき、5㎜厚の輪切りにする。

2 バターで玉ねぎを透き通るまで炒め、水、酢、砂糖、塩、胡椒で調味する。

3 2が熱いうちに、じゃがいもの輪切りを加え、塩（分量外）で味を整える。

＜腸詰めハンバーグ＞

1 『メディスタ・ソーセージ』を15分ほど弱火で塩茹でにする。茹で始めてから5分後
にソーセージの皮に竹串で穴を開けると、皮の破れが防げる。

2 バターを溶かしたフライパンにソーセージを渦巻状に置き、弱火で全面にきれいな
焼き色がつくまで焼く。

3 2に温かいポテトサラダとマスタードを添え、パセリをあしらう。

153

ロルスタイメ エーブラ オ スヴェスカ カトッフェラー オ ブロン ソウス

154

Rullesteg
med æbler og svesker, kartofler og brun sovs

ロルスタイ メ エーブラ オ スヴェスカ カトッフェラー オ ブロン ソウス

りんごとプルーン入りロール・ローストポーク
——茹でじゃがいもとブラウンソースを添えて

ソースとじゃがいもを添えて供する典型的な冬の料理です。週末の料理やお招き料理として作られています。

材料（6人分）

＜ロール・ローストポーク＞

豚胸肉 …… 約1kg

塩 …… 適量

胡椒 …… 適量

りんご …… 約300g

ドライ・プルーン（種なし） …… 100g

オリーブオイル …… 大さじ2

水 …… 500㎖

＜ブラウンソース＞

ロール・ローストポークの煮汁 …… 500㎖

白ワイン（もしくは、赤ワイン） …… 適宜

バター …… 25g

小麦粉 …… 30g

塩 …… 適量

胡椒 …… 適量

＜つけあわせ＞

茹でじゃがいも（一人あたり150〜250g）

イタリアン・パセリ（みじん切り） …… 適宜

瓜のピクルス …… 100g

作り方

＜ロール・ローストポーク＞

1 りんごの皮をむき、芯を除いて、くし切りにする。

2 りんごを2分ほど茹で、ざるで粗熱をとってから、プルーンと混ぜる。

3 豚胸肉を平らにしてまな板に置き、塩と胡椒で調味する。りんごとプルーンを広げた肉の中央に置き、きつめに肉を巻き、タコ糸で縛る。

4 オリーブオイルを加えた大きな鍋に巻いた肉を入れ、10分ほど表面にきれいな焼き色がつくまで焼く。

5 水を加え、蓋をし、1時間20分ほど、肉が柔らかくなり、肉の中心温度が85℃になるまで、弱火で火を入れる。途中、何度か上下を返すこと。

6 肉を20分ほど休ませる。煮汁は別の鍋に移す。

＜ブラウンソース＞

1 油を敷いていないフライパンで小麦粉を茶色になるまで乾煎りする。クッキングシートを敷いた天板に入れて175℃のオーブンで小麦粉が茶色になるまで焼いてもよい。小麦粉が焦げてしまうと苦味が出るので、焦がさないように気をつける。

2 ロール・ローストポークの煮汁が500㎖になるよう計量する。煮汁が足りない場合は、ワインを足して補う。

3 鍋にバターを入れ、中火で溶かす。小麦粉を加えて、バターになじませるように混ぜる。

4 泡立て器で混ぜながら2を少しずつ加え、なめらかなソースを作る。

5 木べらで混ぜながら、弱火で5分ほど煮る。

6 塩、胡椒で味を整える。

＜仕上げ＞

1 ロール・ローストポークを縛っていたタコ糸を切り離す。

2 1〜2㎝厚にスライスしたロール・ローストポークに、温かい茹でじゃがいも、ブラウン・ソース、瓜のピクルスを添え、パセリをあしらう。

シェフのひとこと

瓜のピクルスは、きゅうりのピクルス（P.59）で代用できます。

ラブスコウス

Labskovs

ラブスコウス

『ラブスコウス』──デンマーク風肉じゃが

『ラブスコウス』は、普段の食卓に供する冬の料理ですが、
大勢のお客様を迎える時にも重宝します。

材料（4〜5人分）

玉ねぎ …… 150g
牛もも肉（または、仔牛もも肉）…… 500g
水 …… 1ℓ
ローリエ …… 2〜3枚
白胡椒（粒）…… 小さじ1
塩 …… 大さじ1
じゃがいも …… 1.25kg
塩 …… 適量
胡椒 …… 適量
あさつき（小口切り）…… 適量

＜つけあわせ＞

バター
ライ麦パン
ビーツのピクルス（P.59）

5.Kød & Fjerkræ
Labskovs

作り方

1 2cm角に切った肉と水を鍋に入れ、火にかけて沸騰させ、アクを取る。

2 塩と1cm角に切った玉ねぎを加える。

3 ローリエと白胡椒を出汁パックなどに入れて鍋に加え、肉が柔らかくなるまで、30分から1時間ほど煮込む。

4 肉と同じ大きさに切ったじゃがいもを鍋に加えて、じゃがいもが少し煮崩れるまで30分ほど弱火で煮込む。焦げ付きを防ぐため、途中で鍋をかき混ぜないこと。また、じゃがいもが煮崩れすぎないように気をつける。煮汁が足りなくなったら水を足し、煮汁が多すぎる場合は、煮汁だけを煮詰めて鍋に戻す。

5 塩と胡椒で味を整える。

6 熱々のラブスコウスに、あさつきをあしらう。

7 冷たいバターをポトンと落とし、ライ麦パンとビーツのピクルスを添える。

ノルウェー版は、じゃがいもと玉ねぎに地元の根菜をたっぷり加えて煮込み、ビーツとライ麦パンではなく、コケモモのコンポートとクリスプブレッドを添えます。

シェフのひとこと
熱々のラブスコウスに冷たいバターを溶かしながら召し上がってくださいね。

Æbleflæsk med selleri og timian

エーブルフレスク メ セレリ オ ティミアン

『りんご豚』厚切り豚バラ肉とりんごのソテー──根セロリのタイム風味

『りんご豚』は、普段の食卓に供する冬の伝統料理で、クリスマス・ランチと呼ばれる12月に開かれる
年忘れの会席の一品にもなります。ここでは、根セロリとタイムを加え、味に一層の深みを出しています。

材料（4人分）※写真は2人分

豚バラ肉（5㎜厚）…… 400g

玉ねぎ …… 400g

りんご（酸味の強いもの）…… 500g

根セロリ …… 400g

タイムの葉 …… 5〜6枝分

りんご酢 …… 大さじ1

塩 …… 適量

＜つけあわせ＞

ライ麦パン

作り方

1 玉ねぎは1㎝厚の輪切り、根セロリは2㎝角、りんごは縦4つに切り、さらに
　縦に3〜4等分に切り分ける。

2 豚バラ肉の水気をキッチンペーパーでよく拭き取る。しっかり熱したフライパ
　ンに豚バラ肉を並べ、片面1分ずつ焼き、きれいな焼き色をつける。火を弱
　めて中火にし、肉がカリッとするまで焼く。時々、表裏を返す。フライパンか
　ら肉を取り出す。

3 フライパンに残っている脂で、玉ねぎを透き通るまで炒める。

4 セロリを加え、5分ほど玉ねぎと一緒に炒める。

5 りんごとタイムの葉を加え、りんごに火が通るまで、数分ほど炒める。

6 塩と酢で味を整える。

7 ライ麦パンを添える。

Lam i kål med kartofler

ラム イ コル メ カトッフェラー

仔羊肉のキャベツ煮——じゃがいも入り

この料理は、冬の北欧風田舎料理です。
子羊を羊肉に替えて作ると、ノルウェーの伝統料理「羊肉のキャベツ煮」になります。

材料（3〜4人分）※写真は1人分

子羊もも肉（骨なし）…… 750g
玉ねぎ …… 200g
にんにく …… 3片
キャベツ …… 250g
塩 …… 大さじ1
胡椒 …… 適量
野菜ブイヨン（もしくは、水）…… 1ℓ
じゃがいも …… 500g
ディル（もしくは、パセリ）…… 適宜

作り方

1 肉を2cm角に切る。

2 キャベツの芯を除き、幅1cm長さ5cmの大きさに切る。玉ねぎは1cmの角切り、にんにくは、みじん切りにする。

3 2を底の厚い鍋に入れ、塩と胡椒を加え、ブイヨンを注ぐ。

4 沸騰したら、蓋をして45分ほど弱火で煮込む。

5 皮をむき、肉と同じ大きさに切ったじゃがいもを鍋に加え、15分ほど、柔らかくなるまで煮込む。

6 塩と胡椒（分量外）で味を整え、仕上げにディルをあしらう。

コクト　オクセク　メ　ペバロドソウス　オ　ロシーナ

Kogt oksekød med peberrodssovs og rosiner

コクト オクセク メ ペバロドソウス オ ロシーナ

牛肩バラ肉の煮込み──レーズン入り西洋わさびのソース

牛肩バラ肉の煮込みを作る時にできる煮汁は、
西洋わさびの風味が効いた旨味たっぷりのソースの素になります。
とても滋味深いおいしい料理です。
煮込みに時間がかかるので週末の料理に向いています。

スウェーデンでは、牛肉の代わりにヘラジカやトナカイの肉を使った煮込みに西洋わさびのソースと茹で野菜を添えることもあります。

材料（6〜8人分）※写真は2人分

＜牛肩バラ肉の煮込み＞

牛肩バラ肉 …… 1.5〜2kg
牛骨 …… 適宜
水 …… 約3ℓ
塩 …… 大さじ3
香味野菜（玉ねぎ1個、にんじん1本、
　セロリ1本、長ねぎの青い部分など）
ローリエ …… 2枚
コリアンダー（粒） …… 小さじ1
粒胡椒 …… 小さじ1
タイム …… 4〜5枝

＜西洋わさびのソース＞

バター …… 25g
小麦粉 …… 40g
牛肉の煮汁 …… 800㎖
西洋わさび（すりおろし） …… 35g（100㎖）
レモン果汁 …… 大さじ1
塩 …… 適量
レーズン …… 75g

＜冬野菜＞

にんじん …… 1kg
じゃがいも …… 1kg

＜あしらい＞

イタリアン・パセリ

シェフのひとこと

2ℓに煮詰めたソースは、800㎖を西洋わさびのソース用に使い、残りの1.2ℓは、仕上げの煮汁として使うほか、スープの自家製ブイヨンとして使えます。

作り方

＜牛肩バラ肉の煮込み＞

1 牛肩肉を鍋に入れ、ひたひたに水を注ぐ。味の濃い煮汁にするために牛骨を一緒に入れて煮てもよい。

2 一度、沸騰させた後、火を弱め、アクと脂を取り除く。塩を加え、もう一度、アクをとる。

3 大きめに切った香味野菜と香辛料を加え、肉が柔らかくなるまで2時間半ほど弱火で煮込む。

4 肉を取り出し、煮汁を濾して、野菜と香辛料を取り除く。

5 濾した煮汁を直径の大きな鍋で、しっかりした味の煮汁になるまで、2ℓくらいを目安に煮詰める。

＜冬野菜＞

1 じゃがいもを茹でて、皮をむく。

2 にんじんの皮をむき、6㎝の長さで1㎝角の拍子木切りにする。

3 じゃがいもとにんじんを煮汁で5分ほど茹でる。

＜西洋わさびのソース＞

1 鍋にバターを入れ、中火で溶かす。小麦粉を加えて、バターになじませるように混ぜる。

2 泡立て器で混ぜながら、牛肉の煮汁を少しずつ加え、なめらかなソースを作る。

3 レーズンを加え、木べらで混ぜながら、弱火で5分ほど煮る。

4 西洋わさび、レモン果汁、塩で味を整える。西洋わさびを加えたら、ソースを煮立てないこと。

＜仕上げ＞

1 牛肩肉を煮汁に入れて温める。

2 牛肩肉を5㎜厚に切り、じゃがいも、にんじん、西洋わさびのソースを添え、パセリをあしらう 。

ブランデ ケアリヒド

Brændende kærlighed
Kartoffelmos med stegt bacon og løg

ブランデデ ケアリヒド──カトッフェルモス メ ステクト ベーコン オ ロイ

『燃える愛』
──カリカリベーコンと玉ねぎソテーをトッピングしたマッシュポテト

お腹いっぱいになる冬の家庭料理です。

材料（4人分）※写真は2人分

＜マッシュポテト＞
じゃがいも …… 1 kg
牛乳 …… 約500 ㎖
　（もしくは、じゃがいもの
　　茹で汁300 ㎖と生クリーム200 ㎖）
バター …… 大さじ2
塩 …… 小さじ2
胡椒 …… 適量

＜トッピング＞
ベーコン（角切り）…… 250g
玉ねぎ（輪切り）…… 300〜400g
りんご酢（もしくは、白ワインビネガー）
　…… 大さじ1

＜つけあわせ＞
パセリ（みじん切り）…… 適宜
ビーツのピクルス（P.59）
ライ麦パンなど

作り方

＜マッシュポテト＞

1 じゃがいもの皮をむき、同じくらいの大きさに揃えて切る。
2 鍋にじゃがいもを入れ、ひたひたに水を加え、火にかけ沸騰させる。
3 じゃがいもが柔らかくなるまで、蓋をして、20分ほど茹でる。
4 必要に応じて、茹で汁を300 ㎖ほど取り分けておく。
5 じゃがいもをマッシャーか泡立て器でつぶす。
6 牛乳を加え、好みの柔らかさに仕上げる。
7 バター、塩、胡椒で味を整える。

＜トッピング＞

1 ベーコンをフライパンできれいな焼き色がつき脂が出てくるまで火を通す。
2 ベーコンを取り出し、ベーコンから出た脂で玉ねぎが柔らかく飴色になるまでソテーする。
3 酢で味を整える。
4 玉ねぎを網の上に取り出し、余分な油を落とす。

＜仕上げ＞

1 熱々のマッシュポテトの上に、ベーコンと玉ねぎを盛りつけ、パセリをあしらう。
2 ビーツのピクルスとライ麦パンを添える。

164

Oksesteg med flødekartofler

オクセスタイ メ フリューデカトッフェラー

ローストビーフ──じゃがいもグラタンを添えて

週末の食事やお招きの席で供される料理です。
大勢のお客様に対応できます。

材料(4〜6人分) ※写真は1人分

＜ローストビーフ＞
ローストビーフ用牛肉(牛うちもも肉など)
　…… 750g
バター …… 大さじ1
オリーブオイル …… 大さじ1
塩 …… 適量
胡椒 …… 適量

＜じゃがいもグラタン＞
じゃがいも …… 1kg
バター …… 25g
にんにく …… 2片
塩 …… 適量
胡椒 …… 適量
ナツメグ(すりおろし) …… 小さじ½
　(指でほろほろに砕いたメースでもよい)
生クリーム …… 500㎖(好みで半量を
　牛乳に変えてもよい)

＜つけあわせ＞
芽キャベツ …… 500g
パセリのみじん切り …… 適宜

作り方

＜ローストビーフ＞

1 肉の水気をキッチンペーパーでぬぐう。フライパンでバターとオリーブオイルを熱し、肉の全面にきれいな焼き色をつけ、塩と胡椒で調味する。

2 肉を耐熱皿に置き、オーブンの中段に入れ、150℃に設定し、肉の中心温度が55〜60℃になるまで、45分から1時間ほど焼く。

＜じゃがいもグラタン＞

1 皮をむいたじゃがいもを薄切りにし、潰したにんにくと一緒にバターで色がつかない程度に炒める。

2 生クリームを加え、一度、沸騰させる。底が焦げつかないように、木べらで底から返すこと。塩、胡椒、ナツメグで味を整える。

3 2を耐熱皿に入れ、175℃に予熱したオーブンで、じゃがいもが柔らかくなるまで40分ほど煮込む。竹串がじゃがいもにすっと突き刺さるか確かめる。

＜つけあわせ＞

1 芽キャベツを塩茹でし、ざるにあけ粗熱をとる。

＜仕上げ＞

ローストビーフをスライスし、熱々のじゃがいもグラタン、芽キャベツを添え、パセリのみじん切りをあしらう。

スウェーデンでは、この料理を森で獲れる鹿やヘラジカ、トナカイなどの肉でも作ります。オーブンではなく鍋を利用して作ることもあります。

シェフのひとこと
ローストビーフは、粗熱が取れてから切ると、肉汁が落ち着いているため、スライスが薄くきれいに仕上がります。

普段の肉料理と
特別な日の肉料理
Kødretter til hverdag og fest

北欧では、幅広い価格と品質の肉が入手できます。鶏肉、豚肉、牛肉のほか、ジビエや子羊、羊も使います。

普段の肉料理は、肉、じゃがいも（もしくは、米やパスタなどの穀類）に野菜を組み合わせたワンプレート料理が一般的です。比較的、さっと用意ができるフリカデラ、挽き肉ステーキ、ミートボールなどのフライパンで作る挽き肉料理が頻繁に作られています。挽き肉は、パスタ用のミートソースや中華系の炒め物料理にも使われています。挽き肉でない肉では、薄焼きカツレツやローストポークなどがフライパンで作る肉料理です。

燻製ベーコンは、オムレツに使われる他、煮込み料理の深みを出す素材としても使われています。フライパンでカリカリに焼いたベーコンは、ソーセージやハムと同じように普段のスモーブロにも使われます。

内臓は昔ほど使われなくなりましたが、レバーパテには、現在も使われています。

夏には、平日でも多くの人が、庭でステーキやソーセージをグリルで焼いた夕食を囲んで、よい天気を楽しみます。

お祝いの席などの特別な日には、豚、ハム、鴨などを使った塊肉のローストを用意します。北欧では年の大半を占める寒い気候の週末に、肉の煮込み料理やオーブンで焼く肉料理を作ります。肉料理の多くは、何らかのソースを添えます。

デンマークやスウェーデン南部では牧畜も盛んです。乳製品、肉類もオーガニック製品が豊富に揃っています。

この章の料理を、普段の肉料理と特別な日の肉料理に分けてご紹介します。

普段の肉料理

　普段はフライパンでメインの料理を手早く作ります。　30分程度、オーブンで火を通して仕上げる料理も、食材をオーブンに入れてしまうと、仕上がるまでの間、他の家事ができたり、子どもとの時間が持てるので、人気の高い調理法です。食材としては、挽き肉を使う料理が平日の定番料理です。手早く調理した肉に野菜とじゃがいも（もしくは、穀物）を添える形が夕食の定番となっています。テーブルで銘々が好みの量を自分の皿に取り分けます。

週末の肉料理

　週末には、平日より時間をかけて食事を用意できるので、調理に1時間以上かかる煮込み料理や少し上等の部位を用いた肉料理を作ります。親しい人を招いて、気軽な食事を一緒に囲むこともあります。

おもてなしの肉料理

　この章で紹介した料理は、コース料理の主菜として使われます。おもてなしには、塊肉をローストすることが一般的です。つけあわせの野菜やソースで季節感を演出し、コース全体が季節感あふれる組み合わせになるよう心がけます。

6

スイーツ

✳ ✳ ✳

SØDE SAGER

『ヒュッゲ』はおいしい！ ヒュッゲのひとときには、
誰かと一緒に何かおいしいものを食べることが定番で、
甘いものであることが多いのです。
ヒュッゲのひとときは、音楽を聴いたり、ろうそくを灯したり、
何か居心地のよいことをするひとときだったりもします。

Hyldeblomstsaft

ヒュルブロムスタサフト

エルダーフラワー・コーディアル

北欧では、6月にエルダー（西洋ニワトコ）の花が咲き、
この花で、甘いコーディアルを作る習慣があります。
このコーディアルは濃縮液なので、保存がきき、初夏の味を年中楽しむことができます。

材料（約2L分・希釈用）

エルダーフラワー（西洋ニワトコの花）
　　大きなもの …… 25房
レモン …… 2個
クエン酸 …… 20g
水 …… 1ℓ
きび砂糖（色の薄いもの）
　　…… 1.25kg

作り方

1 エルダーフラワーの太い茎を切り除き、花房を大ぶりの鍋かボウルに入れる。
2 くし切りにしたレモンとクエン酸を加える。
3 水に砂糖を加えて沸騰させ、砂糖が溶けたら火を止め、エルダーフラワーに注ぐ。
4 粗熱をとり、冷蔵庫で3〜4日ほど置く。1日に1回、かき混ぜる。
5 4を濾して消毒した瓶に入れ、冷蔵庫で保存する。

Jordbær-rabarberlimonade

ヨーベアラバーバリモネーデ

いちごとルバーブのレモネード

この甘酸っぱいレモネードは、他に使えないような不格好なルバーブといちごで作れます。
しっかり冷やしてお楽しみください。北欧では、子どもが大好きな飲みものです。

材料（作りやすい分量）
ルバーブ（葉を除く）…… 300g
いちご …… 300g
レモン …… 1/2個
砂糖 …… 450g
熱湯 …… 3ℓ

作り方

1 ルバーブは、葉と根元の硬い部分を除き、3～4cmの長さに切る。

2 いちごは冷水ですすぎ、へたを取る。レモンを輪切りにする。

3 1と2を、大きめのボウルに入れる。

4 砂糖を加え、熱湯をまわしかける。砂糖が溶けるまで、箸で混ぜる。

5 ボウルごと室温で3～4時間放置する。

6 液体を濾し、瓶に詰めたものを冷蔵庫で保存する。

シェフのひとこと

レモネードは、水や炭酸水、
白ワイン、スパークリングワ
インなどで割ってお召し上が
りください。

171

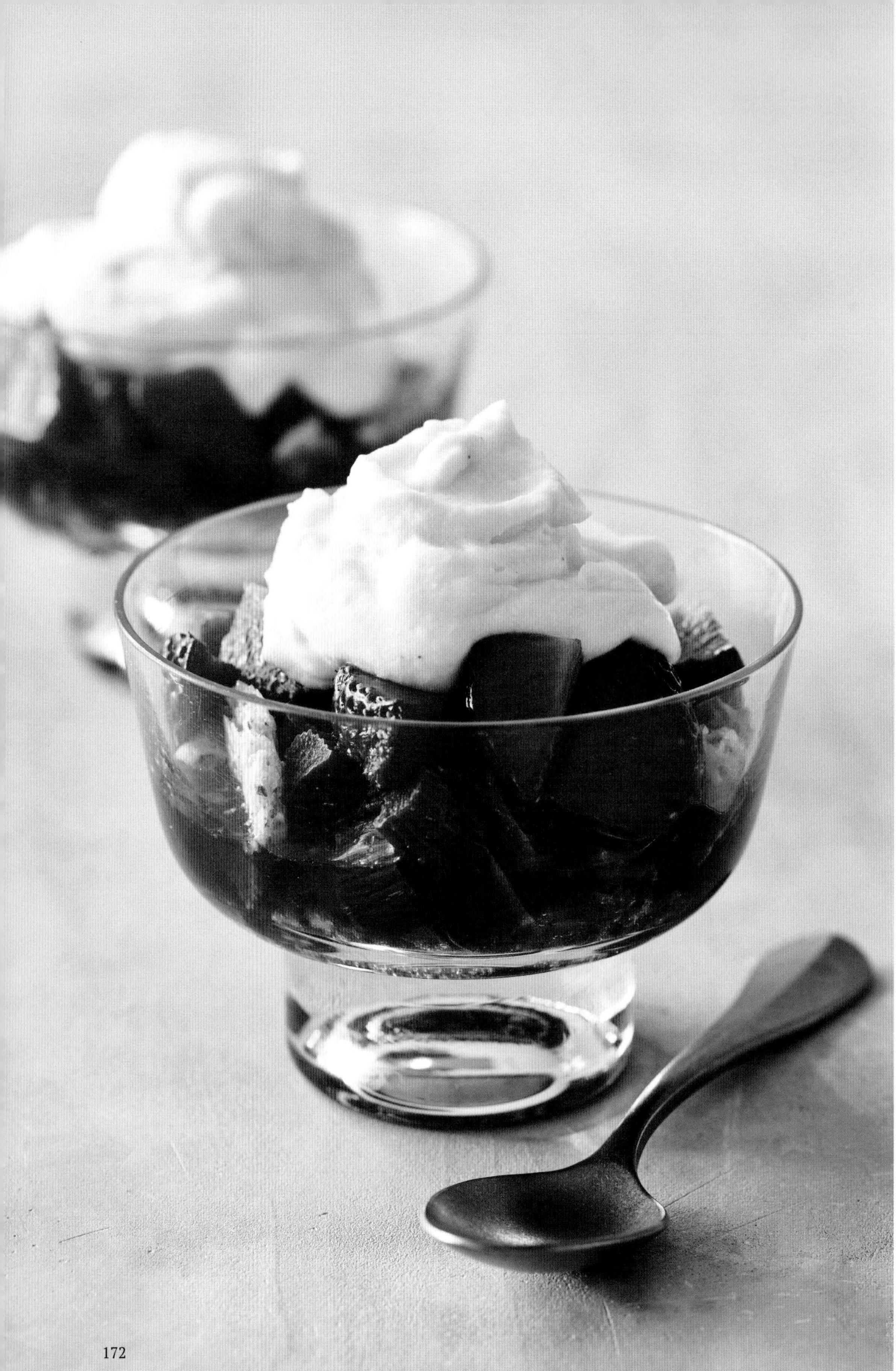

トリッフリ メラバーバー オ ヨーベア

Trifli med rabarber og jordbær

トリッフリ メ ラバーバー オ ヨーベア

ルバーブといちごのトライフル

初夏の食材であるルバーブといちごで作る素敵なデザートです。
このデザートは、旬のフレッシュなくだものやドライフルーツで、四季を通じて作ることができます。

材料（4人分）※写真は2人分

＜いちご入りルバーブのコンポート＞

ルバーブ（葉を除く）…… 400g

砂糖 …… 175g

いちご …… 250g

＜マカロン＞（約25個分）

ヘーゼルナッツ（もしくは、アーモンド）
…… 125g

砂糖 …… 300g

コーンスターチ …… 小さじ1

卵白 …… 2〜3個（約100㎖）

＜トライフル・クリーム＞

バニラビーンズ …… 1/2本分

牛乳 …… 250㎖

卵 …… 2個

砂糖 …… 大さじ2〜3

コーンスターチ …… 大さじ1

レモンの皮（すりおろし）…… 小さじ1

生クリーム …… 100㎖

作り方

＜いちご入りルバーブのコンポート＞

1 ルバーブは、葉と根元の硬い部分を除き、1㎝厚に切り、砂糖150g と混ぜて耐熱皿に入れる。

2 1を200℃に予熱したオーブンに入れ、20分ほど、ルバーブが柔らかくなり砂糖が溶けるまで火を通し、粗熱をとる。

3 いちごをさっと洗い、ヘタを取り、輪切りにし、砂糖25gをまぶす。

4 1時間おいてからルバーブと混ぜる。

＜マカロン＞

1 オーブンを125℃に予熱する。

2 ヘーゼルナッツと砂糖をフードプロセッサーで粉状にする。

3 コーンスターチを加えた後、卵白を少しずつ加えていき、硬めのおかゆのような固さになるまでフードプロセッサーにかける。

4 クッキングシートを天板に敷き、絞り出し袋に入れた生地を直径2㎝ほどの大きさに絞る。絞り出し袋の代わりにティースプーン2本で形を作ってもよい。

5 20分ほどマカロンを焼く。網の上で冷ます。

＜トライフル・クリーム＞

1 バニラビーンズのさやに縦に切れ目を入れて開き、中の種をこそげ取る。

2 鍋に牛乳、卵、砂糖、コーンスターチ、バニラビーンズを取り出した後の鞘を入れて火にかけ、絶えずかき混ぜながら沸騰させる。

3 クリームを4分ほど煮立てて火を止める。

4 1で取り出したバニラビーンズの種とレモンの皮を加える。

5 砂糖（分量外）を4のクリームの表面にふりかけ粗熱をとり、冷蔵庫で冷ます。

6 バニラビーンズのさやを取り除く。

7 6のクリームをハンドブレンダーなどでよく混ぜ、空気を含ませる。

8 生クリームを8分立てに泡だて、7のクリームと和える。

＜仕上げ＞

1 供する皿もしくはグラスにマカロンを3、4個ずつ、割り入れる。

2 いちご入りルバーブのコンポートを盛りつけ、トライフル・クリームを飾る。

ケアネメルクスコルスコルメ　カマヨンカ

Kærnemælkskoldskål
med kammerjunkere

ケアネメルクスコルスコル　メ　カマヨンカ

バターミルクの冷たいスープ──カマヨンカ・ビスケット添え

夏の暑い日、この冷たいスープは、おやつとして、とても人気があります。

材料（4人分）※写真は1人分

＜バターミルクの冷たいスープ＞

卵黄（生食用）…… 2個

砂糖 …… 大さじ2

バニラビーンズ …… 1/4本分

レモンの皮と果汁 …… 1/2個分

発酵乳（無糖の生乳ヨーグルトなど）
　　　…… 300㎖

バターミルク
　　　…… 700㎖（図鑑P.219参照）

＜カマヨンカ・ビスケット＞

　（作りやすい分量 …… 約75個）

バター（室温に戻したもの）…… 100g

砂糖 …… 50g

卵 …… 1個

カルダモン（外皮を除いたもの）…… 1/2個

薄力粉 …… 225g

ベーキングパウダー …… 大さじ1/2

牛乳 …… 75〜100㎖

＜つけあわせ＞

カマヨンカ・ビスケット …… 16〜20個

作り方

＜バターミルクの冷たいスープ＞

1 卵黄に砂糖の半量を加え、もったりするまで泡立てる。

2 バニラのさやを縦に割り、小さなナイフでバニラビーンズを取り出し、残りの砂糖に混ぜこむ。

3 砂糖に混ぜ込んだバニラビーンズを泡立てた卵黄に加え、おろしたレモンの皮、レモン果汁、発酵乳を加え、全体をよく混ぜ合わせる。

4 バターミルクを加え、全体をそっと混ぜる。冷蔵庫で冷やしてもよい。

＜カマヨンカ・ビスケット＞

1 室温に戻したバターと砂糖を、白っぽく、ふわふわになるまでしっかり泡立てる。

2 溶き卵を加える。

3 カルダモンの粒を乳鉢で粗めに潰す。

4 薄力粉とベーキングパウダーを一緒にふるいながら、牛乳と交互に、ホイップしたバターの中に加え、ムラのない柔らかい生地に仕上げる。

5 打ち粉を振って、生地を直径3㎝の細長いソーセージの形に成形する。

6 1㎝の厚さに切り分け、胡桃くらいの大きさになるように丸め、クッキングシートの上に並べ、200℃に予熱したオーブンで8分ほど、きれいな焼き色がつくまで焼く。

7 クッキーが焼きたての間に横半分に割る。割った面を上にして、100℃のオーブンで1時間、乾かすように焼く。

8 お菓子用の缶、もしくは密閉できる保存容器で保存する。

＜仕上げ＞

1 よく冷えたバターミルクのスープに、カマヨンカ・ビスケットを添える。

2 スープの皿に、カマヨンカ・ビスケット4〜5個を割り入れ、ビスケットをスープに浸しながら召し上がれ。

シェフのひとこと

- 発酵乳300㎖の代わりに、サワークリーム100㎖と発酵乳200㎖を使うとコクが増します。
- バターミルクは発酵乳350㎖と牛乳350㎖で代用できます。

ロドグロメ フリューデ

Rødgrød med fløde

ロドグロ メ フリューデ

赤いベリーのコンポート
── 生クリームを添えて

夏を代表するデザートですが、外国人にとって、
最も難しい発音の組み合わせを持つ名前としても有名です。

材料（4人分）※写真は2人分

いちごシロップ（コーディアル）…… 400㎖　　いちご（フレッシュ）…… 300g

片栗粉 …… 大さじ1 1/2　　　　　　　　　　　アーモンド …… 50g

ラズベリー（フレッシュ）…… 200g　　　　　　生クリーム …… 200㎖

作り方

1 100㎖のシロップに片栗粉を溶かす。

2 残りのシロップを火にかけ、沸騰したところで片栗粉を溶いたシロップを混ぜながら
　加えて火から下ろす。舌触りが悪くなるので、片栗粉を加えた後で煮続けないこと。

3 2の粗熱がとれたら、ラズベリーと輪切りにしたいちごを加える。砂糖（分量外）で
　味を整える。

4 アーモンドに熱湯を注ぐ。粗熱が取れたら、皮を摘むようにしてむく。水気を除い
　て、好みの大きさに切る。

5 アーモンドをコンポートに飾り、生クリームを添える。

シェフのひとこと

コンポートに添える生クリームは、牛乳でも代用できます。また、生クリームと牛乳を合わせたものでもおいしいです。

Svensk ostekaka med syltede jordbær

スヴェンスク オステケーエ メ シュルテデ ヨーベア

スウェーデン風チーズケーキ──いちごのマリネを添えて

このケーキはコーヒーによく合うので、『フィーカ』にぴったりです。
ブランチにも適しています。

↠↞ シェフのひとこと

- チーズケーキは冷蔵庫で
  数日保存できます。温める
  と、おいしさが引き立ちます。
- フロマージュ・ブランは、
  カッテージチーズで代用
  できます。

↠↞

材料（直径22 cmのケーキ型1台分）

＜チーズケーキ＞

フロマージュ・ブラン …… 600g

卵 …… 4個

ライムの皮 …… 1個分

小麦粉 …… 25g

砂糖 …… 75g

アーモンド（ホール） …… 100g

生クリーム …… 250㎖

レモンバーム …… 適宜

＜いちごのマリネ＞

いちご（ヘタを除く） …… 500g

砂糖 …… 125g

バニラビーンズ …… 1/2本分

作り方

1 アーモンドに熱湯を注ぐ。粗熱が取れたら皮をむき、みじん切りにする。

2 クッキングシートを直径22 cmのスポンジケーキ用の焼き型に敷く。

3 卵にライムの皮と砂糖を加え、しっかり泡立てる。フロマージュ・ブランを加え、泡を潰さないように混ぜる。ふるった小麦粉とアーモンドを加える。

4 生クリームを柔らかく泡だて、生地にさっくりと加える。

5 生地を型に流し、175℃に予熱したオーブンの中段で、約1時間、竹串を生地の真ん中に入れて何もついてこなくなるまで焼く。網の上で粗熱をとる。

6 温かいケーキにいちごのマリネを添え、レモンバームをあしらう。

　＜いちごのマリネ＞

1 バニラのさやから出したバニラビーンズを取り分けておく。

2 砂糖をカラメル状になるまで熱し、いちごを加え、さっと一煮立ちさせる。

3 煮汁を取り分け、バニラのさやを加え、とろとろのシロップになるまで煮詰める。

4 煮詰めたシロップにいちごとバニラビーンズを加え、粗熱をとる。

Solbærsaft og syltetøj

ソールベアサフト オ シュルテトイ

黒すぐりのコーディアル＆黒すぐりジャム

黒すぐりのコーディアルやジャムはとてもおいしく、ミルク粥にもよく合います。

材料

＜黒すぐりのコーディアル＞

黒すぐり …… 1 kg

砂糖 …… 1 ℓ につき250g

＜黒すぐりジャム＞

黒すぐり …… 500g

砂糖 …… 250g

水 …… 100 ㎖

作り方

＜黒すぐりのコーディアル＞

1 黒すぐりを水洗いし、枝を取り除き、鍋に入れる。

2 水（分量外）を黒すぐりの量の半分あたりまで注ぎ、ゆっくりと沸騰させる。

3 20分ほど、弱火で煮込み、火を止める。1時間ほど余熱を通す。

4 煮汁を濾し、1 ℓ につき250gの砂糖を加える。

5 砂糖が溶けるまで火を通し、消毒したガラス瓶に入れる。

6 冷蔵庫で保存し、冷水で好みの甘さになるよう薄めて飲む。

＜黒すぐりジャム＞

1 黒すぐりを水洗いし、枝と花がついていた部分を取り除き、鍋に入れる。

2 砂糖を加え、鍋を火にかけ、沸騰させる。

3 翌日まで冷蔵庫で保存する。（ジャムの食感がよくなります。）

4 水を加えて沸騰させ、5分ほど煮た後、煮汁を濾す。

5 煮汁に大きな泡を立つようになるまで煮立て、黒すぐりを煮汁に加える。

6 7を消毒したジャムの瓶に入れ粗熱をとり、冷暗所で保存する。

179

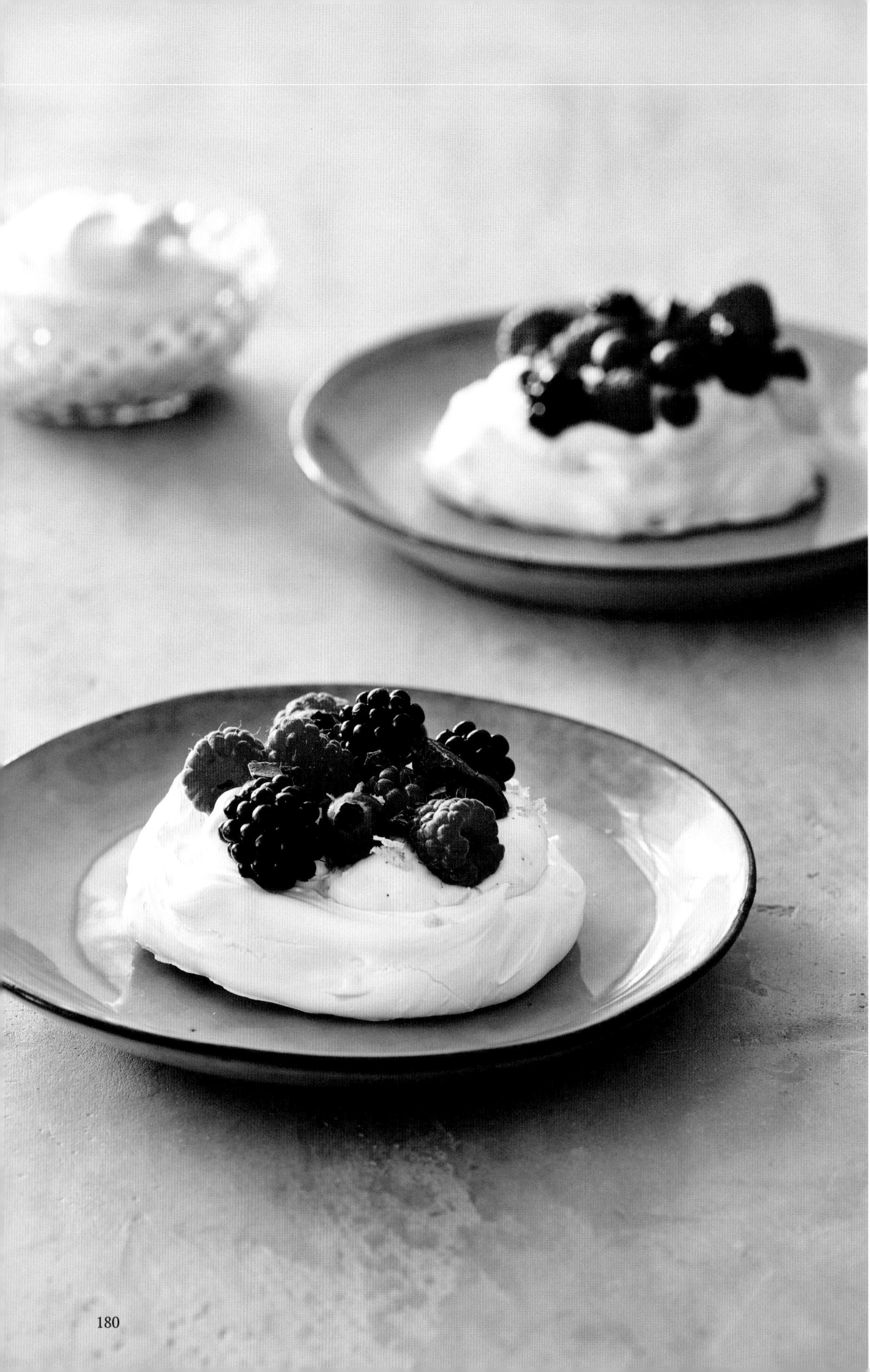

フールレダー メ フリューデスコム オ シンサマーベア

Fuglereder
med flødeskum og sensommerbær

フールレダー メ フリューデスコム オ シンサマーベア

『鳥の巣』焼きメレンゲ
——ホイップクリームと晩夏のベリーを添えて

この軽い口当たりのおいしいデザートには、夏のフレッシュなベリーとの
相性が抜群ですが、旬のくだものを数種類取り合わせることもできます。

材料（4人分）※写真は2人分

＜『鳥の巣』焼きメレンゲ＞（6〜8個分）

卵白 …… 3個分

粉砂糖 …… 175g

酢 …… 少々

＜フィリング＞

生クリーム …… 150㎖

バニラビーンズ …… 1/2本分

粉砂糖 …… 大さじ2

レモンの皮（すりおろし）…… 小さじ1

＜飾り＞

晩夏のベリーのアソート（ブラックベリー、
　　ブルーベリー、ラズベリーなど）…… 400g

ビターチョコレート …… 50g

作り方

＜『鳥の巣』焼きメレンゲ＞

1 卵白、粉砂糖、酢をボウルに入れて湯煎し、ハンドミキサーでしっかり泡立てる。

2 卵白が65℃くらいになったら、湯煎から離し、クリーム状のメレンゲになるまで泡
だて続ける。

3 クッキングシートを敷いた天板の上に、メレンゲ生地をスプーンで6〜8個の「鳥
の巣」に成形する。

4 100℃に予熱したオーブンで45分ほど焼く。網の上で粗熱をとる。

＜フィリング＞

生クリームにバニラビーンズを加えて泡だて、粉砂糖とレモンの皮で味を整える。

＜仕上げ＞

フィリングを「鳥の巣」に入れ、ベリーを飾り、刻んだチョコレートをあしらう。

Gammeldags æblekage

ガンメルデイス エーブルケーエ

『昔風りんごケーキ』──りんご煮マッシュのスイーツ

秋や冬によく作る、家庭的なデザートです。

スウェーデンには、このスイーツの仕上げにオーブンで焼くバリエーションがあります。

材料（4～6人分）※写真は1人分

＜りんご煮マッシュ＞
酸味の強いりんご …… 750g
砂糖 …… 約100g（りんごの甘味で
　砂糖の量を調節してください。）
水 …… 50㎖
バニラビーンズ …… 1/2本分

＜パン粉の甘そぼろ＞
パン粉（細目） …… 200㎖
バター …… 25g
砂糖 …… 75g

＜飾り＞
生クリーム …… 200㎖
ジャム（スナジグミなど）
　…… 大さじ4～6

作り方

＜りんご煮マッシュ＞

1 皮をむいてくし形に切ったりんごと砂糖を鍋に入れ、強火で数分煮る。

2 水を加え、蓋をし、10分ほど、りんごが柔らかくなるまで弱火で煮る。

3 火を止め、バニラビーンズを加え、木べらでりんごを潰す。

4 りんごが熱いうちに砂糖（分量外）で味を整え、粗熱をとる。

＜パン粉の甘そぼろ＞

1 バターと砂糖をフライパンに溶かし、大きな泡が立つようになったら、パン粉を加える。

2 パン粉にきれいな焼き色がつくまで炒る。

＜仕上げ＞

1 りんご煮マッシュを敷きパン粉の甘そぼろを薄くのせる。

2 この手順を2、3回繰り返して層を作る。

3 8分立ての生クリームとスプーン1杯程度のジャムを飾る。

Citronfromage

シトロンフロマージュ

レモンのスフレムース

このフレッシュな味わいのデザートは、一年を通して作ることができます。

材料(4人分)

＜スフレムース＞

ゼラチン …… 4g

水 …… 大さじ1½

レモン果汁 …… 40〜50ml

卵 …… 2個

粉砂糖 …… 100g

レモンの皮（すりおろし）
　　 …… 1/2個分

生クリーム …… 250ml

＜飾り＞

生クリーム …… 75ml

レモンバベーナ
　　（もしくはレモンバーム）

作り方

1　ゼラチンを5分ほど水でふやかしておく。

2　湯煎でゼラチンをレモン果汁に溶かし、粗熱をとる。

3　卵を卵黄と卵白に分ける。

4　卵黄と粉砂糖を泡だて、ゼラチンを溶かしたレモン果汁を細いリボン状に垂らしながら加える。

5　レモンの皮を加える。

6　卵白を硬く泡だて、5に数回に分けてさっくりと混ぜる。

7　生クリームを8分立てに泡だて、飾り用を取り分け、残りを6に加えゴムベラなどで全体を混ぜてから盛りつけ用の器に流す。

8　冷蔵庫で生地が固まるまで2時間ほど冷やす。

9　スフレムースを、泡だてた生クリーム、レモンバベーナで飾る。

一年を通じた
スイーツいろいろ

Sødt året rundt

　北欧では、人が集まるとき、たいてい、甘いものを用意します。日曜日の朝ごはんやブランチに焼き菓子が登場することもありますし、「フィーカ」でコーヒーやお茶を楽しむときにもスイーツはつきものです。家族や友人との食事や特別な日のお祝いの席で、甘いもので〆ることが一般的です。

　デザートは季節に合わせて用意します。夏にはベリーを使い、秋にはりんごを使います。また、クリスマスの月のエーブルスキーバ（P.199）など、決まった時期に決まったものを楽しむ習わしもあります。

　春には、ルバーブがどの食材よりも早く登場します。ルバーブは加熱が必要です。トライフル（P.173）の材料になったり、ケーキを焼いたり、生クリーム系のデザートに添えるコンポート、アイスクリームなどに使います。

　白夜を迎える夏の数ヶ月はいちごやラズベリーなど赤いベリーの季節です。そのままでも楽しめますが、デザートとして生クリームと一緒に供することもありますし、アイスクリームやケーキの飾りとしても使います。また、タルト生地のフィリングやお祝いケーキ（P.193）、スムージー、フルーツサラダにも使います。朝食として、ヨーグルトに添えることもできます。赤いベリーの後、ブルーベリーやブラックベリーが続きますが、赤いベリーと同じように使えます。

　プラムは8月に旬を迎えます。そのままでも、サラダの具材としても使えますし、加熱してトライフルなどのデザートのつけあわせやコンポートにも適しています。焼き菓子のフィリングにも使えます。同じ時期、生産数は限られていますが、メロンも旬を迎えます。そのまま、そして、サラダに入れて楽しみます。

　晩夏から秋にかけて、多様な品種のりんごや梨が出回ります。丸ごとをおやつとして食べたり、スナックとして食べやすい大きさに切って楽しみます。早稲のりんごは、水分を多く含み、フレッシュで酸味のある味が特徴です。旬が数週間のみということも特徴の一つでしょう。秋を本格的に迎えると、長期間保存できる品種がたくさん出回ります。

　りんごを煮てマッシュにしたものは、『昔風りんごケーキ』（P.182）などのデザートに使います。

　りんごを切ったものは、焼き菓子やタルトのフィリング、デニッシュ生地の菓子パンなどに利用します。梨もほぼ同様に使えますが、りんごを使う方が一般的です。

おとぎの国に出てくるような素敵な装いの家に招かれて過ごすお茶のひとときは、心の贅沢が味わえます。

スイーツによる季節感の演出

　春の到来とともに市場に並ぶルバーブは、春や初夏によく使われます。ここでは、いちごとの組み合わせで初夏らしい一品に仕上げています。トライフルは、季節感を演出する旬のくだものとマカロンとクリームを組み合わせて作ります。

　夏らしいスイーツの代表です。気温が高くなる日には、スーパーマーケットにも市販品がたくさん並びます。砕いてトッピングにするカマヨンカ・ビスケットは一度焼いておくと日持ちがするので便利です。手軽に作れるスイーツです。

　北欧の夏を象徴するスイーツで、女王的な存在感があります。使うベリーで色合いが微妙に変わります。晩夏になる程、色の濃いベリーが多くなるので、赤が深くなります。

　甘酸っぱいベリーと焼きメレンゲとの組み合わせが北欧らしい一品ですが、四季折々の季節でくだもので、バリエーション豊かに用意できるスイーツです。焼きメレンゲとフィリングのクリームが甘いので、酸味のあるくだものを加えると、おいしく仕上がります。

　フレッシュないちごのマリネを添えて、北欧らしい初夏の一品として紹介していますが、ベリーのジャムを添えたり、季節のくだもののコンポートを添えて、年間を通して作れるスイーツです。

　柔らかい食感のりんご煮マッシュの間のクリスピーな甘いそぼろが絶妙な昔ながらのスイーツです。りんごのおいしい季節に楽しんでくださいね。北欧の特産スナジグミのジャムを飾りましたが、酸味のあるお好みのジャムでお試しください。

　年間を通じて、おいしく作れるスイーツですが、旬のくだものが品薄になる時期に重宝します。レモンの爽やかな風味が柔らかく泡だてた生クリームの食感と調和したエレガントな一品です。

7

デンマークでの誕生日とクリスマスのお祝い料理

* * *

Fødselsdag og jul i Danmark

北欧では、子どもも大人も誕生日を祝います。
誕生日には、家でも学校でも仕事先でも祝い、大勢の人から祝福を受けます。
クリスマスは、ハレの日でもありますが、
一年で最も日照時間が少ない暗い季節を楽しむ期間でもあるのです。
11月にはクリスマスの飾りつけがあちこちで見られ、
クリスマスの月を祝う料理やエーブルスキーバなどの季節のスイーツなどを楽しみます。

フュスルスデイスボラー オ ヴァーム カカオ メ フリューデスコム

Fødselsdagsboller
og varm kakao med flødeskum

フュスルスデイスボラー オ ヴァーム カカオ メ フリューデスコム

誕生日のお祝いパン
──ホイップクリームを添えたホットココア

お祝いパンとホットココアは、子どもの誕生日のお祝いの定番です。
大人になってからもお祝いパンとホットココアで誕生日を
祝う慣習を続ける人も大勢います。

材料

＜お祝いパン＞

（10〜12個分）

バター …… 50g

牛乳 …… 200㎖

生イースト
　　…… 25g（ドライイーストの場合、8g）

卵 …… 1個

砂糖 …… 45g

塩 …… 小さじ1/2

小麦粉 …… 約500g

＜つけあわせ＞

バター …… 適宜

＜ホットココア＞ 10人分

純ココア（無糖）…… 100g

砂糖 …… 75g

牛乳 …… 2ℓ

生クリーム …… 400㎖

作り方

＜お祝いパン＞

1 鍋でバターを溶かし、粗熱をとる。

2 大きめのボウルに生イーストを崩し入れ、牛乳を少し加えて、イーストを溶く。

3 残りの牛乳、溶かしバター、溶き卵、砂糖、塩を加えて、混ぜる。

4 小麦粉を少しずつ加え、生地がなめらかになり弾力性が出るまで練る。

5 生地をボウルに入れ、ふきんをかぶせ、室温で1時間ほど2倍の大きさに膨らむまで発酵させる。

6 生地をソーセージのように細長く伸ばし、10〜12等分に分割して丸く成形する。

7 クッキングシートを敷いた天板に並べ、30分ほど発酵させる。

8 225℃に予熱したオーブンの中段に天板を入れ、15分ほど焼く。パンの底を叩いてみて、軽い音がしたら焼き上がっている。

9 網の上で粗熱をとる。

＜ホットココア＞

1 ココアと砂糖に牛乳100㎖を加えてダマにならないように溶かす。

2 残りの牛乳を加えて、80℃くらいまで温める。

3 砂糖（分量外）で味を整える。

4 8分立ての生クリームを添えて供する。

シェフのひとこと

パンはそのままでもおいしいですが、北欧では、横半分に切って、バターをたっぷり塗って食べる方法が定番です。ホットココアをカップに注いだ後、すぐにホイップクリームを入れておくと（左写真参照）、ココアに膜ができないのでお勧めです。

シュナ　ユスク　ロブロスラウケ　エ　メ　ソールベア

Sønderjysk rugbrødslagkage
med solbær

シュナユスク ロブロスラウケーエ メ ソールベア

南ユトランド地方に伝わるお祝いライ麦パンケーキ──黒すぐりジャム入り

ライ麦パンを生地に加えるため独特の旨味が生まれる南ユトランド地方（デンマーク）の郷土菓子です。
午後のコーヒータイムに供するケーキですが、デザート菓子としても使えます。

材料（直径22㎝10人分）

＜ライ麦パンのスポンジ生地＞2枚分

ヘーゼルナッツ …… 100g

ライ麦パン（ライ麦100％で作られたもの）
　…… 100g

ベーキングパウダー …… 小さじ1/2

純ココア …… 大さじ2

卵 …… 4個

きび砂糖（できれば、色の濃いもの）
　…… 120g

＜黒すぐりジャム＞

黒すぐり …… 250g

砂糖 …… 80〜100g

レモン果汁 …… 1/2個分

黒すぐりの葉 …… 適宜（3〜4枚）

＜フィリング・飾り＞

生クリーム …… 500㎖

ダークチョコレート（カカオマス70％以上
　のもの）…… 30g

作り方

＜スポンジ生地＞

1 ヘーゼルナッツを160℃のオーブンで10分ほどローストし、粗熱をとる。

2 ライ麦パンをフードプロセッサーで目の細かいパン粉にする。

3 粗熱をとったヘーゼルナッツを加え、ヘーゼルナッツが粉にならない程度にフードプロセッサーにかける。

4 ベーキングパウダーと純ココアを加える。

5 卵を卵白と卵黄に分け、それぞれを別のボウルに入れる。

6 卵白を固く泡立て、きび砂糖を少しずつ加える。

7 卵黄を一つずつ加えていく。

8 4を加え、生地をさっくりと混ぜる。

9 クッキングシートを敷いた直径22㎝のタルト型（縁が波型でないもの）かケーキ型2台に生地を流す。

10 200℃に予熱したオーブンで、10〜12分ほど、中心に火が通るまで焼く。

11 スポンジ生地を取り出し、網の上で粗熱をとる。

＜黒すぐりジャム＞

1 黒すぐりの花がついていた部分とツルの部分を除き、砂糖と一緒に底の厚い鍋に入れる。

2 30分ほど、黒すぐりから果汁が出るまで待ち、レモン果汁と黒すぐりの葉（省略できます）を加え、ゆっくりと沸騰させる。

3 5分ほど強火で煮てから、黒すぐりの葉を取り除き、消毒したジャムの瓶に入れ、蓋をして粗熱をとる。

＜仕上げ＞

1 生クリームを8分立てに泡立てる。

2 ジャムが生地に染み込みやすくするために、生地に竹串で穴を開ける。

3 一枚目のスポンジ生地にジャムを塗り、ホイップクリームをのせる。

4 二枚目のスポンジ生地を3の上にそっと置き、ホイップクリームと削ったチョコレートを飾る。

シェフのひとこと

- ライ麦パンは、パンの耳も含めた方がおいしく仕上がります。
- スポンジ生地は、前日に用意できます。その際は、ラップで生地をぴったりと包んで保存してください。
- スポンジ生地に竹串で穴を開けてジャムが生地に染み込みやすくすると、しっとりとしたケーキに仕上がります。

Jordbærlagkage

ヨーベアラウケーエ

いちごのお祝いケーキ

ベリーを飾ったスポンジケーキは、誕生日のお祝いの席に供する定番ケーキです。

材料（直径22㎝10〜12人分）

＜いちごのマリネ＞

いちご …… 1kg

砂糖 …… 適量

＜スポンジ生地＞（3枚分）

卵 …… 4個

砂糖 …… 125g

小麦粉 …… 100g

ベーキングパウダー …… 小さじ1

＜生クリーム入りカスタードクリーム＞

牛乳 …… 500㎖

卵黄 …… 5個分

砂糖 …… 50g

コーンスターチ …… 大さじ2

バニラビーンズ …… 1本分

生クリーム …… 500㎖

＜飾り＞

デンマークの国旗

作り方

＜いちごのマリネ＞

1 いちごは冷水ですすぎ、ヘタを取る。

2 縦に四つのくし切りか、同じ大きさに揃えて切る。

3 砂糖をまぶして、1、2時間、果汁が出てくるのを待つ。

＜スポンジ生地＞

1 バター（分量外）をケーキ型に塗り、砂糖（分量外）をまぶす。

2 卵と砂糖を、10分ほど、ハンドミキサーでもったり白っぽくなるまで、よく泡立てる。

3 小麦粉にベーキングパウダーを合わせ、ふるいながら2に加え、気泡を潰さないように、さっくりと混ぜる。

4 クッキングシートを敷いたケーキ型に生地を流す。

5 175℃に予熱したオーブンで20分ほど焼く。竹串を生地の真ん中にさして何もついてこなければ焼き上がり。

6 網の上で粗熱をとる。焼いた生地を3枚にスライスする。

＜生クリーム入りカスタードクリーム＞

1 牛乳、卵黄、砂糖、コーンスターチを鍋の中で混ぜ合わせ、中火にかける。

2 木べらで絶えず混ぜながら4分ほど煮る。

3 火を切り、さやから出したバニラビーンズの種を加える。

4 カスタードクリームの粗熱をとり、冷蔵庫で冷やす。

5 生クリームを8分立てに泡だてる。1/3量は、ケーキの飾り用にとっておく。

6 残りの2/3量の生クリームをカスタードクリームに混ぜる。

＜仕上げ＞

1 スポンジ生地に竹串で穴を開ける。（2のいちごのマリネ汁が染み込みやすくなります。）

2 いちごのマリネ汁をスポンジ生地に塗ってしっとりさせる。

3 いちごの1/4量は一番上のデコレーションにとっておく。

4 カスタードクリームと、残りの3/4量のいちごをスポンジ生地の間に挟む。

5 この状態でケーキを1時間以上休ませる。

6 取り分けておいた生クリームといちごで飾る。

誕生日
Fødselsdag

　誕生日は、家族や友人と一緒においしいものを囲んで過ごす喜びに溢れた日です。誕生日を迎える当人が何を食べるか決めるのが習わしになっています。北欧でも、子どもの誕生日は盛大です。誕生日には、幼稚園や学校でお友達と一緒に祝い、家では家族と一緒に祝います。子どもの誕生会は、スペースがあれば自宅で開きますが、公園やスケート場、映画館などでも催します。誕生日を迎えた子どものために、誕生日の歌を歌い、贈り物を用意します。誕生会に呼ばれた子どもたちは、ケーキや甘い飲みものやお菓子など、甘いもので迎えられることを楽しみにしています。

　大人も誕生日には、友人や家族をブランチ、午後のコーヒーとケーキのひととき、おいしいディナーに招いたりします。

　盛大な誕生日パーティーを開くのは、成人としての権利を得る18歳、そして、30歳、40歳、50歳といった一桁が0の歳を迎える誕生日です。盛大な誕生日パーティーはお招きする人数が多いので、外での食事やケータリングを利用します。

　誕生日のお祝いの多くは、自宅で開き、料理も手作りで用意します。

デンマークの誕生祝いには、いろいろな形で国旗を飾ることが定番となっています。

194

誕生日のブランチ

　ビュッフェ形式のお祝いが一般的です。温かい料理を献立の途中に入れることもあります。エッグスタンドに立てた半熟卵は、朝の卵料理の定番で、ブランチにもよく登場します。卵の殻の上部を1cmほどむき、塩を少し振りかけて、スプーンですくって食べます。誕生日のブランチには、甘いものを最後に用意し、特別感を演出します。

　家族や友人を招いて、数時間かけて食卓を囲み、ゆっくりした時間を楽しみます。

午後の誕生日会

　誕生日のお祝いパンをお客様を招いた時間に焼き上がるように準備します。この章では、ココアを紹介しましたが、温めた牛乳にダークチョコレートを溶かしたホット・チョコレートを用意する家庭もあります。その時にも柔らかく泡だてた生クリームは欠かせません。P.37でご紹介しているように、パンを横半分に切り、切った面にバターをたっぷり塗って食べるのが大好きな人もたくさんいます。温かいチョコレート味の飲みものとパンで、ひとしきり誕生日のテーブルを楽しんだ後。誕生日のお祝いケーキが真打ちのように登場します。この章では、フレッシュないちごを飾りましたが、誕生日の季節のくだものに替えても、おいしく作れます。大人には、お祝いケーキにコーヒーや紅茶を用意しますが、子供の誕生日には、エルダーフラワーのコーディアルなど、希釈タイプの飲みものやりんごの低温圧搾ジュースなどを用意します。

Risengrød
med smørklat og kanelsukker

リッセングロ メ スマアクラット オ カネルソカー

ノルウェーでは、米のミルク煮を作った翌日、柔らかく泡だてた生クリームで和えて日曜日のデザートとして使います。

米のミルク粥——バターとシナモンシュガー添え

冬の間、特にクリスマスの月（12月）、そして、クリスマスの祝日（12月25日〜26日）、
子どものいる家庭では、この米のミルク粥が夕食として登場します。
シンプルな料理ですが、北欧の子どもたちが大好きな一品です。
米のミルク粥を多めに作っておくと、米のミルク粥のクリーム和え『リ・サラマン』が簡単に用意できます。

材料（3〜4人分）※写真は3人分

水 …… 200㎖
米 …… 175g（200㎖）
牛乳 …… 1ℓ
塩 …… 小さじ1
＜トッピング＞
シナモンパウダー …… 大さじ1
砂糖 …… 大さじ2
＜つけあわせ＞
冷たいバター

作り方

1 底の厚い鍋に分量の水を入れ、沸騰させる。
2 米を入れ、火を弱めて蓋をし、5分ほど弱火で煮る。
3 牛乳を加え、木べらで鍋をかき混ぜながら、沸騰させる。
4 火を弱めて蓋をし、40〜50分ほど弱火で煮る。途中で何回か鍋を底からよくかき混ぜる。
5 塩で味を整える。冷たいバターとシナモンシュガーを添えて供する。

シェフのひとこと
- 作り方3で牛乳を加えた後、沸騰させてから、蓋をした鍋を厚手の毛布で包み、2時間近く、米が柔らかく煮えるまで保温する方法もあります。保温鍋を使ってもよいでしょう。ミルク粥は鍋の底が焦げ付きやすいのですが、この方法だと、鍋が焦げ付かないので便利です。衛生管理のため、供するまで保温温度を65℃以上に保つか、供する前に75℃以上まで温めてください。
- シナモンシュガーをかけた温かいミルク粥に、冷たいバターをひとかけら落として、バターを溶かしながら召し上がってくださいね。

（P.201の続き）

＜自家製ブイヨン＞

鴨もも肉（もしくは、脂身が多めの牛肉）
　…… 250g
香味野菜（玉ねぎ、にんじん、セロリなど）
　…… 250g
トマトピューレ …… 大さじ1
ローリエ …… 1枚
胡椒（粒）…… 小さじ1
タイム …… 1枝
赤ワイン …… 200㎖
鶏もしくは仔牛ブイヨン …… 800㎖
＜ブラウンソース＞
バター …… 50g
小麦粉 …… 35g
自家製ブイヨン …… 500㎖
塩・胡椒 …… 適量

＜自家製ブイヨン＞

1 鍋を熱し、強火で肉に焼き色をつけ、小さめに切った香味野菜を鍋に加え焼き色をつける。
2 トマトピューレと香辛料、赤ワインを加え、ブイヨンをひたひたに注ぐ。
3 アクを取りながら沸騰させ、火を弱め、2時間ほど弱火で煮込む。
4 ソースを濾し、必要に応じて味が濃くなるように煮詰める。

＜ブラウンソース＞
P.155の＜ブラウンソース＞を参照して、左の材料でソースを作る。
ブラウンソースに使う小麦粉に、P.155のブラウン・ソース1に書かれている方法で「焦がし小麦粉」を使うと、きれいな茶色のソースに仕上がります。

＜仕上げ＞
1 供する直前に鴨胸肉を3㎜厚にスライスする。
2 鴨もも肉と鴨胸肉に、りんごとプルーン、紫キャベツの甘酢煮、キャラメルポテト、ブラウンソースを添え、パセリをあしらう。

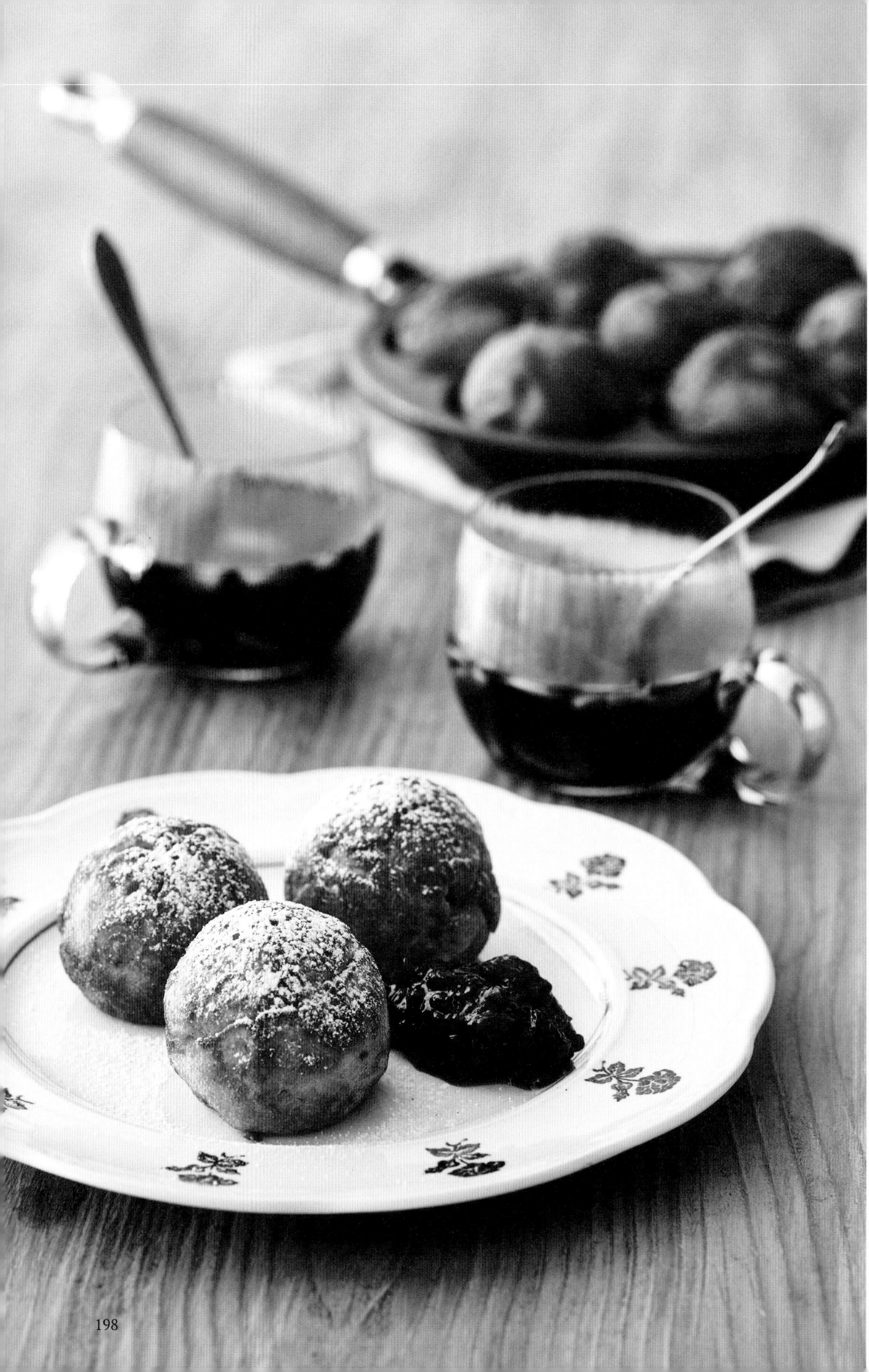

エーブルスキーバオ グルッグ

シェフのひとこと

- 『エーブルスキーバ』の材料に使うバターミルクは、無糖の生乳ヨーグルトで代用できます。
- エーブルスキーバは、たこ焼き器、もしくは、たこ焼き用のホットプレートで簡単に作れます。
- ワインの代わりに葡萄やりんごのストレートジュースを使うと、子ども用のグルッグが用意できます。その際は、葡萄ジュースの甘みにもよりますが、砂糖を控えてくださいね。

Æbleskiver og glögg

エーブルスキーバ オ グルッグ

ころころパンケーキ『エーブルスキーバ』
──スパイス・ホットワイン『グルッグ』を添えて

北欧で最も古い歴史を持つスイーツの一つで、粉砂糖とジャムをつけながら手でつまんで食べます。

材料

＜エーブルスキーバ＞
約20個（6〜7人分）
小麦粉 …… 250g
砂糖 …… 大さじ1
塩 …… 少々
重曹 …… 小さじ1
カルダモン・パウダー …… 小さじ2
卵黄 …… 3個分
バターミルク …… 400㎖
レモンの皮（すりおろし） …… 少々
卵白 …… 3個分
溶かしバター …… 75g

＜フィリング＞
りんご（1㎝角切り） …… 60g（省略できます）

＜つけあわせ＞
粉砂糖 …… 適宜
いちごジャム …… 適宜

＜グルッグ＞（6〜7人分）

＜スパイス抽出液＞
グリーン・カルダモン（粒） …… 小さじ1
生姜 …… 25g
クローブ（粒） …… 小さじ½
シナモン・ステイック …… 2本
砂糖 …… 25g
赤ワイン（若くてフルーティーなもの）
…… 200㎖

＜グルッグ＞
スパイス抽出液 …… 上記レシピ分量
赤ワイン（若くてフルーティーなもの）
…… 1ℓ
ポートワイン …… 100㎖
サルタナ・レーズン …… 100g
アーモンド …… 100g

作り方

＜エーブルスキーバ＞

1 ふるった小麦粉をボウルに入れ、砂糖、塩、重曹、カルダモンを加えて混ぜる。
2 別のボウルに、卵黄とバターミルクをよく混ぜ、レモンの皮を加える。
3 2を、1に少しずつダマができないように加え、生地を30分ほど休ませる。
4 卵白をしっかりと泡だて、生地にさっくりと混ぜる。
5 エーブルスキーバ用のフライパンを温め、溶かしバターを塗る。
6 エーブルスキーバの生地を9分目まで流し入れ、表面が焼けるまで中火で火を通す。
7 フィリングを小さじ1ずつ入れ（省略できます）、竹串で上下を返して丸型に成形する。
8 時々、竹串で返しながら、全体にきれいな焼き色がつき、中まで火が通るまで6〜8分ほど焼いて、フライパンから取り出す。
9 残りの生地を焼いている間、100℃に予熱したオーブンで焼き上がったエーブルスキーバを保温する。
10 粉砂糖とジャムを添えて供する。

＜グルッグ・スパイス抽出液＞

1 カルダモンの鞘を開く。生姜をみじん切りにする。
2 鍋に、スパイス抽出液の材料全てを入れ、75℃まで温める。
3 火を切り、保存容器に入れ、一昼夜ほど寝かせて、スパイスを抽出させる。
4 スパイス抽出液を濾し、スパイスを取り除く。

＜グルッグ＞

1 アーモンドを入れたボウルに熱湯を注ぎ、数分後にアーモンドをざるにあげる。
2 粗熱がとれたら、親指と人差し指でアーモンドをなでるようにして皮をむき、縦に2、3分割する。
3 スパイス抽出液、レーズン、アーモンド、ワインを鍋に入れ、75℃まで温める。
4 ポートワインを加え、砂糖（分量外）で味を整える。

ステクト アンメ エーブル スベスカ ロドコル ソカーブローネ,デ カトッフェラ オ ブロン ソウス

Stegt and med æble, svesker, rødkål, sukkerbrunede kartofler og brun sovs

ステクト アン メ エーブル スベスカ ロドコル ソカーブローネデ カトッフェラ オ ブロン ソウス

シェフのひとこと

本来は、鴨を丸ごとロースト
しますが、このレシピでは、
胸肉とももで作る方法を
ご紹介しています。

鴨肉のロースト
――りんごとプルーン、紫キャベツの甘酢煮、キャラメルポテト、ブラウンソースを添えて

この料理は、デンマークのクリスマス料理で、12月24日のクリスマスイブの晩餐に用意します。

材料

＜鴨肉のロースト＞＜りんごとプルーン＞
（4人分）

鴨もも肉 …… 4本
塩 …… 適量
胡椒 …… 適量
ローリエ …… 2〜3枚
タイム …… 2枝
水 …… 100㎖
鴨胸肉 …… 2枚
りんご（酸味の強いもの）…… 250g
ドライプルーン …… 100g
パセリ …… 適量

＜紫キャベツの甘酢煮＞（5人分）

赤ワイン …… 100㎖
香辛料
クローブ（粒）…… 小さじ1
ローリエの葉 …… 2枚
シナモンスティック …… 4〜5㎝
胡椒（粒）…… 小さじ1
八角（ホール）…… 2個
紫キャベツ …… 500g
玉ねぎ（1㎝角）…… 100g
鴨ラード（もしくは、オリーブオイル）
　　…… 大さじ2
酢 …… 50㎖
砂糖 …… 大さじ2
塩 …… 少々
胡椒 …… 少々

＜キャラメルポテト＞（4〜5人分）

小ぶりのじゃがいも（φ3㎝）…… 1kg
砂糖 …… 45g
バター …… 50g
タイムの葉（フレッシュ）…… 小さじ1

＜自家製ブイヨン＞
＜ブラウンソース＞
P.197に記載しています。

作り方

＜鴨肉のロースト＞＜りんごとプルーン＞

1 鴨肉に塩をすり込み、胡椒をまぶす。
2 ローリエとタイムを耐熱皿に入れ、鴨もも肉をその上に置く。
3 水を注ぎ、オーブンに入れ、175℃に設定する。1時間15分ほど、鴨もも肉に柔らかく火が通るまでオーブンで焼く。
4 皮をむき、芯を除き、四つ割りにしたりんごとドライプルーンを耐熱皿に加え、最後の15分間、鴨もも肉と一緒に火を通す。
5 鴨胸肉は、皮目に切り込みを格子状に入れ、皮目を下にしてフライパンに置き、10分ほど、皮から脂が出るまで弱火でゆっくり焼く。
7 火を少し強くし、肉を返し、肉側にもきれいな焼き色をつけ、塩と胡椒で調味する。
8 もう一度、皮目を下にし、中火で15分くらい時間をかけて火を通す。20分ほど、鴨もも肉と一緒にオーブンで焼いてもよい。
9 焼き上がったら、15分ほど休ませて、肉汁を落ち着かせる。

＜紫キャベツの甘酢煮＞

1 鍋に赤ワインと香辛料を入れ、5分ほど煮た後、15分ほど休ませる。
2 紫キャベツの芯を除き、4〜5㎝の長さで1㎝幅の大きさに切る。
3 紫キャベツと玉ねぎを底の厚い鍋に入れ、鴨ラードで炒める。
4 香辛料の香りを移した赤ワインをざるで濾し、鍋に加える。
5 鍋に蓋をして、1時間ほど弱火で煮る。
6 酢、砂糖、塩、胡椒で味を整える。

＜キャラメルポテト＞

1 じゃがいもを皮つきのまま、程よく茹で、粗熱をとって皮をむく。
2 じゃがいもが一列に並ぶくらいの大きさのフライパンで砂糖を溶かす。
3 砂糖が薄い茶色に色づいたら、バターを加える。
4 バターが泡立ち始めたらじゃがいもを加え、フライパンを揺らしながら、じゃがいもの表面全体にキャラメルを絡ませる。
5 タイムで香りを添える。

＜仕上げ＞

1 鴨胸肉を3㎝厚にスライスする。
2 鴨もも肉と鴨胸肉に、りんごとプルーン、紫キャベツの甘酢煮、キャラメルポテト、ブラウンソースを添え、パセリをあしらう。

201

グラセア スヴェンスク ユールスキンケ メ グロランコル

Glaseret svensk juleskinke
med grønlangkål

グラセア スヴェンスク ユールスキンケ メ グロランコル

スウェーデン風クリスマス・ハム
——ケールのクリーム煮を添えて

クリスマス・ハムは、スウェーデンで広く親しまれていますが、フィンランドやデンマークでも、
クリスマスのビュッフェ料理の一品として、また、クリスマスの祝日の料理として用意します。

材料（10人分）※写真は1人分

＜クリスマス・ハム＞
豚もも肉の塩漬け（骨なし・P.221）
　　　…… 1.2〜1.5 kg
ディジョン・マスタード …… 大さじ4
黒糖 …… 大さじ5
パン粉（細目）…… 大さじ4

＜ケールのクリーム煮＞
ケール（葉の部分のみ）…… 500g
バター …… 大さじ2〜3
小麦粉 …… 大さじ3
牛乳 …… 300㎖
　　（牛乳と生クリームを半々でもよい）
塩 …… 適量
胡椒 …… 適量
ナツメグ（おろしたてのもの）…… 少々

＜つけあわせ＞
茹でたてのじゃがいも …… 1kg

シェフのひとこと
豚もも肉の塩漬けは、肉の重量に対して2％の塩、1％の砂糖、0.5％の胡椒を全体にまぶし、一昼夜寝かせることで自家製が用意できます。

作り方

＜クリスマス・ハム＞
1 鍋に豚もも肉の塩漬けを入れ、沸騰した湯をひたひたに注ぐ。
2 湯を沸騰させ、弱火で60分ほど、肉の中心温度が60度になるまで火を通す。
3 火を止め、20分ほど肉を煮汁に漬けておく。
4 茹でたハムを煮汁から取り出し、皮を除く。
5 ハムを耐熱皿に置き、煮汁を少し入れる。
6 マスタード、黒糖、パン粉を混ぜ、甘いマスタードがけを作る。
7 7をハムの脂身の方に塗り、250℃のオーブンに入れ、10分ほど、甘いマスタードソースにきれいな焼き色がつくまで焼く。

＜ケールのクリーム煮＞
1 ケールの葉を塩茹でし、水気をしっかり切り、みじん切りにする。
2 鍋にバターを溶かし、小麦粉を加えて、バターになじませるように混ぜる。
3 泡立て器で混ぜながら牛乳を少しずつ加え、なめらかなソースを作る。
4 木べらで混ぜながら、弱火で5分ほど煮る。
5 ケールのみじん切りを加えて火を通し、塩、胡椒、ナツメグで味を整える。

＜仕上げ＞
クリスマス・ハムを1㎝の厚さにスライスし、ケールのクリーム煮と茹でたてのじゃがいもを添える。

＜チコリサラダ＞
1 チコリを3〜4㎜の幅に切る。芯は取り除く。
2 オレンジ果肉を薄皮のない状態にカットする。
3 チコリとオレンジの果肉をオリーブオイルで和え、塩で味を整える。
4 くるみを飾る。

Glaseret svensk juleskinke med grønlangkål 7.Fødselsdag og jul i Danmark

フレスケスタイメ ヴィンターサラータ オ オーブンバクト カトッフェラー

Flæskesteg
med vintersalater og ovnbagte kartofler
フレスケスタイ メ ヴィンターサラータ オ オーブンバクト カトッフェラー

デンマーク風豚のロースト『フレスケスタイ』
──冬野菜のサラダとオーブンポテトを添えて

カリカリに焼かれた皮つきの『フレスケスタイ』は、とてもおいしい料理です。
クリスマスのお祝い料理ですが、他の季節でも週末のご馳走として、また、お祝いの席にも利用できます。
その場合、つけあわせに旬の食材を選びます。

材料(5～6人分)

豚肩ロース肉(もしくは、豚ロース肉)
　　…… 1kg(骨なし・皮つき)
塩 …… 大さじ2～3
ローリエ …… 4～5枚
スターアニス(八角) …… 5～6個

＜オーブンポテト＞

じゃがいも …… 1.5kg
オリーブオイル …… 100㎖
タイム …… 6～8枝
胡椒 …… 適量
フレーク塩 …… 適量

＜紫キャベツのサラダ＞

紫キャベツ …… 400g
塩 …… 小さじ1
砂糖 …… 小さじ2
こけももジャム …… 100㎖分
サワークリーム …… 100㎖
生乳ヨーグルト(無糖・脂肪分3.5％のもの)
　　…… 150㎖

＜チコリサラダ＞(作り方P.203)

チコリ …… 2個
オレンジ …… 2個
オリーブオイル …… 大さじ2
塩 …… 少々
くるみ …… 75g

❖◇━━━━━━◇❖

シェフのひとこと

豚のローストとじゃがいもを
一緒に焼くスペースがない
場合、豚のローストを先に
仕上げてアルミホイルとタオ
ルなどで包んで保温しておく
とよい。

❖◇━━━━━━◇❖

作り方

＜豚のロースト＞

1 豚皮を肉にあたる深さまで5㎜間隔で切り込みを入れる。肉を切らないように気をつけること。また、すべての切り込みが両端まで均等に入っていることを確認すること。

2 豚皮に入れた切り込みに塩をすり込む。

3 耐熱皿にローリエとスターアニスを置き、その上に肉を皮目が上になるようにのせる。皮に均等に火が通るよう、皮をむいたじゃがいもをいくつか肉の下において、皮がオーブンと平行になるように調節する。

4 耐熱皿に水を200㎖(分量外)注ぎ、オーブンに入れ、200℃に設定する。コンベクション・オーブンの場合は、175℃に設定する。

5 豚肩ロースの場合は、2時間～2時間半ほど、オーブンで火を通す。肉の中心温度が60℃になった段階で、皮がカリカリに焼けているか確認する。カリカリに焼けている場合、肉の中心温度が75℃になるまで焼く。カリカリに焼けていない場合、オーブンの温度を250～300℃に上げ、肉の中心温度が75℃になるまで焼く。

6 豚ロースの場合は、1時間半ほどオーブンで火を通す。肉の中心温度が55℃になった段階で、皮がカリカリに焼けているか確認する。カリカリに焼けている場合、肉の中心温度が65℃になるまで焼く。カリカリに焼けていない場合、オーブンの温度を250～300℃に上げ、肉の中心温度が65℃になるまで焼く。

7 ローストをオーブンから出し、15分以上肉汁を落ち着かせる。

＜オーブンポテト＞

P.146の作り方1を参照し、225℃のオーブンで40分ほど焼き、フレーク塩をふる。

＜紫キャベツのサラダ＞

1 紫キャベツの芯を取り除いて細切りにし、塩と砂糖で調味する。

2 重石を置き、1時間以上、軽く漬けた後、水気をしっかり絞る。

3 こけももジャム、サワークリーム、ヨーグルトを合わせ、2を和える。

4 塩(分量外)で味を整える。

リサラマンメ キヤスペアソウス

Risalamande med kirsebærsovs
Marcipangris som mandelgave

リ サラマン メ キヤスベアソウス──マジパングリス ソム マンデルゲーヴ

米のミルク粥のクリーム和え『リ・サラマン』──チェリーソース添え・マジパン豚

クリスマス・デザートです。家族や友人が集まるクリスマス・イブには、このデザートを盛り付けた器にホール・
アーモンドを一粒入れる習わしがあります。このアーモンドに当たった人は、マジパン豚などの贈り物がもらえます。

材料

<リ・サラマン>（6人分）
米のミルク粥 …… レシピP.197の半量
バニラビーンズ …… 1/2本分
砂糖 …… 大さじ3（30g）
ホール・アーモンド（生）…… 100g
レモンの皮（すりおろし）…… 1/2個分
生クリーム …… 500㎖

<チェリーソース>
ダークチェリー（もしくは、サワーチェリー）
　のシロップ漬け …… 400g
コーンスターチ …… 大さじ1½（15g）
シナモン・スティック …… 1本
砂糖 …… 適量

<マジパン豚> 5個分
ローマジパン …… 175g
ヘーゼルナッツ・プラリネペースト …… 75g
アーモンド（生）…… 20～30粒

シェフのひとこと
- ローマジパンは「マジパンローマッセ」ともいい、アーモンドの含有率60～70％でアーモンドと砂糖と練り合わせたペースト状のものです。
- デンマークでは、豚は富裕の象徴として扱われています。また、尻尾の先がクルンとねじれている豚は幸せだと言われているので、お祝いの意味も含めて、マジパン豚も尻尾の先をクルンとねじって成形する習わしがあります。
- 写真左のマジパン豚は、ローマジパンを微量のビーツの汁で色付けしています。

作り方

<リ・サラマン>

1 P.197を参照して米のミルク粥を用意する。
2 バニラビーンズを鞘から出し、温かいミルク粥に混ぜる。
3 ミルク粥の表面に膜が張るのを防ぐために砂糖をふりかけ、冷蔵庫でしっかり冷やす。
4 アーモンドを入れたボウルに熱湯を注ぐ。粗熱がとれたら、親指と人差し指でアーモンドをなでるようにして皮をむく。
5 アーモンドゲームをする場合は、きれいな一粒を取り分ける。
6 残りのアーモンドを粗みじん切りにして、レモンの皮と一緒に、冷たいミルク粥に加える。
7 8分立ての生クリームを柔らかく泡立て、ミルク粥にさっくりと混ぜて冷蔵する。

<チェリーソース>

1 コーンスターチをチェリーのシロップ漬けのシロップ大さじ3で溶く。
2 残りのシロップにシナモン・スティックを加えて数分ほど弱火で煮る。
3 シロップで溶いたコーンスターチを、煮立っているシロップの中に加え、かき混ぜながら、3～4分ほど弱火で煮る。
4 砂糖で味を整える。シロップ煮のチェリーを加える。

<マジパン豚>

1 ローマジパンを7つに分け、プラリネペーストを5つに分ける。
2 5つに分けたプラリネペーストをそれぞれローマジパンで包み、台の上で手を使って、卵より少し長めの楕円に成形し、豚の胴体を5体作る。
3 胴体の片方の先を心持ち細くのばして、先を平らに潰し、豚の鼻の部分を作る。目と鼻の穴を見立てて竹串の尖っていない方で穴を作る。
4 6つめのローマジパンで、グリーンピース一粒分の耳を10個作る。7つめのローマジパンで尻尾を5本作る。耳と尻尾を胴体につける。
5 アーモンドを豚一頭に対し4つずつ、足に見立てて胴体に突き刺す。アーモンドの端の尖った方を突き刺すとよい。
6 マジパン豚は、『リ・サラマン』に入れたホール・アーモンドが当たった人への贈り物として使える。

<仕上げ>

とりわけておいたアーモンドを一粒『リ・サラマン』に入れる。チェリーソースを温め、冷たい『リ・サラマン』に添える。

クリスマスの季節

Juletiden

12月は、クリスマスで溢れかえります。日照時間が最も短い季節なので、その暗さを楽しむのです。しっかり食べて飲んで、室内にはろうそくを灯し、外には電飾を飾ります。家はクリスマスの飾りでいっぱいになります。年忘れの集いなども多く、12月24日のクリスマスイブには家族や親族が集まり、大勢の人がプレゼントを贈る習わしがあるため、その準備もあり、気ぜわしい時期でもあります。

クリスマスは、とても古い伝統です。クリスマスの祝い方は様々ですが、クリスマスツリー、クリスマスの歌、クリスマス料理など、クリスマスの伝統には共通項が多く見られます。

クリスマスイブは、盛大なミサが開かれ、多くの人が教会に行き、イエス・キリストの生誕を祝います。

かつて、北欧神話やニッセと呼ばれる妖精が信じられていた頃もクリスマスのお祝いは存在していました。クリスマスのお祝いは、元々、冬至の時期に開かれる捧げものの祭りで、神に捧げものをし、食べて飲んで、新しい年がよい年になることを祈ったのです。

キリスト教徒に改宗した後、クリスマスはイエス・キリストの生誕を祝う祭りごとになりました。長い間、ずっと継がれてきた慣習もありますし、新しく慣習となっている行事もあります。例えば、クリスマスツリーは、100年近くの歴史しかありません。

子どもにとってのクリスマスは、毎日、小さなプレゼントが用意されているクリスマス・カレンダーがスタートする12月1日から始まります。多くの人が12月1日から24日までの日付が記されているクリスマス・キャンドルを、クリスマスを迎えるまでの毎日、少しずつ灯して楽しみます。クリスマスを迎えるまでには、会社の同僚や所属する組合などで、一年を慰労する会が催されます。12月25日と26日は祝日です。大晦日には、友人と年越しのお祝いパーティーを開きます。

12月23日の献立　　12月24日 クリスマス・イブの献立

12月23日は、「小さなクリスマス・イブ」と呼ばれています。クリスマス・イブのデザートの定番『リ・サラマン』は、前日に「お米のミルク粥」(P.197)を仕込みます。「お米のミルク粥」を少し多めに用意し、作り立てを12月23日に楽しむ慣習を持つ家庭も少なくありません。

北欧では、12月24日にクリスマスプレゼントを開ける慣習があり、クリスマス・イブがクリスマス期間のハイライトと言っても過言ではありません。クリスマス・イブの食事はほぼ定番化していて、メインの肉料理には鴨だけではなく、『フレスケスタイ』(P.205)になったり、両方だったりしますが、紫キャベツの甘酢煮、キャラメルポテト、ブラウンソース(P.201)は、クリスマス・イブの定番のつけ合わせです。『リ・サラマン』は、みんなが楽しみにしているクリスマス・イブの定番デザートです。デザートの前後いずれかにキャンドルを灯したクリスマスツリーの周りをみんなで手をつないで囲み、クリスマスの歌を何曲か歌います。その後、ツリーの下に溢れんばかりに置かれたクリスマスプレゼントを一つずつ渡し、みんなで贈り物を開ける瞬間を楽しみます。

クリスマスのお祝い献立・コース形式

クリスマスのお祝い献立・スモーブロ形式

※クリスマスの『フリカデラ』のつけあわせは、紫キャベツの甘酢煮が一般的です。

　クリスマスの祝日は、12月25日・26日です。24日も家族・親族が集まって、厳かにクリスマスの祝いをしますが、12月25日・26日にも様々な組み合わせで家族・親族が集まり、ハレの日を一緒に過ごします。クリスマスの祝日には、お昼過ぎから夕方遅くまで長時間に渡った食事になることも少なくありません。そんな時には、温かい料理を含むスモーブロ・ベースの食事を囲むことが一般的です。夕食の場合は、コース仕立てで、クリスマス・イブと重ならないクリスマス料理を準備します。P.232〜233でもクリスマスの料理の組み合わせを紹介していますので、合わせてご参考ください。食事の後には、胡桃、みかん、マジパン菓子、バタークッキー、ドライフルーツ、チコレート菓子などのクリスマスを象徴するお菓子を用意します。

第2章

Leksikon
図鑑

✦—≫——≪—✦

北欧料理を知る

北欧で一般的に使われている野菜やくだもの、
魚介類や肉類などの食材と
北欧で親しまれている飲みものをご紹介します。

食材図鑑
Fødevareoversigt

ハーブ類
Krydderurter

ディル
Dild

魚介類の料理、ソース、シュナップス（P.223）の香りづけなどに使う。

パセリ
Kruspersille

みじん切りにして、あしらいや、ディップやソースに混ぜて使う。

イタリアン・パセリ
Bredbladet persille

みじん切りにして、あしらいやサラダの具として使う。

タイム
Timian

温かい料理、シュナップス（P.223）の香りづけなどに使う。

あさつき
Purløg

スモーブロのあしらい、サラダの具などに使う。夏に使うことが多い。

葉にんにく
Ramsløg

5月〜6月。スプレッド、ソース、あしらいに使う。玉ねぎやあさつきと同じように使う。

ラベージ
Løvstikke

スープや茹でじゃがいもの香りづけに使う。ドレッシングに少量用いても風味がよい。

オレガノ
Oregano

温かい野菜料理や肉料理に使う。

チャービル
Kørvel

クレソンに似た味。あしらい、ドレッシング、スープに使う。

バジル
Basilikum

サラダ、スモーブロ、あしらいに使う。

セージ
Salvie

煮込み料理、家禽類・豚肉・鰊などのフライパン料理に使う。

エストラゴン
Estragon

レムラード・ソース、サワークリームベースのドレッシング、ソースの風味づけに使う。

セイボリー
Sar

豆ハーブとも呼ばれ、豆料理に使う。タイムやオレガノのように使うこともできる。

レモンバーム
Citronmelisse

あしらい、デザートやドレッシングの飾り、ハーブ水やハーブティーの材料として使う。

レモンバーベナ
Citronverbena

あしらい、デザートやドレッシングの飾り、ハーブ水やハーブティーの材料として使う。

ミント
Mynte

あしらい、デザートやドレッシングの飾り、ハーブ水やハーブティーの材料として使う。

コショウソウ
Karse

スモーブロ、卵サラダ、ディップ、ソースに使う。

エルダーフラワー
Hyldeblomst

コーディアルの原材料。花が咲く6月には、スイーツやスモーブロなどの飾りにも使う。

西洋わさび
Peberrod

ピリリとした刺激の強さが特徴。おろしたてを使う。

スベリヒュ
Solportulak

スイーツやスモーブロ、サラダの飾りに使う。

唐辛子
Chili

サラダ、煮込み料理、ピクルス、ドレッシングに使う。

レモン
Citron

皮はすりおろして香辛料として、果汁は調味料として使う。

※最下段の食材はハーブではありませんがハーブと同じような使い方をするのでここにまとめました。

穀類
Korn

ライ麦
Rug
粉や挽き割り麦でライ麦パン、クネッケなどのパンの原材料として使う。

焼畑ライ麦
Svedjerug
北欧の古代ライ麦。焼畑農耕で作られていた。ライ麦パンに使う。

挽き割りライ麦
Knækket rug
ライ麦パンに独特の食感を持たせるために使う。

ヒトツブコムギ
Enkorn (Urhvede)
北欧の古代小麦。茹でたものはサラダに、粉はパンや焼き菓子などに使う。

スペルト小麦
Spelt
古代小麦。茹でたものはサラダに、粉はパンや焼き菓子などに使う。

丸麦
Perlebyg
分搗き大麦。サラダに使ったり、リゾット風に使う。

挽き割り大麦
Knækket byg
大麦の挽き割りは、北欧で古くから使われている。ミルク粥やパンの材料に使う。

オートミール
Havregryn
粗挽きと細挽きが入手できる。粥を炊いたり、そのままミルクをかけて食する。

蕎麦の実（挽き割り）
Knækket boghvede
北欧で古くから使われている。ミルク粥やパンの材料に使う。

種子
Frø & kerner

フラックスシード
Hørfrø
パンや焼き菓子、ミューズリーの材料として使う。

ひまわりの種
Solsikkefrø
パン、ミューズリーや粥の材料、サラダのトッピングなどに使う。

かぼちゃの種
Græskarkerner
パン、ミューズリーや粥の材料、サラダのトッピングなどに使う。

ケシの実
Birkes
パンや焼き菓子の材料に使うが、魚のオーブン焼きの表面にまぶして焼くこともできる。

パン
Brød & boller

ライ麦パン
プレーンタイプ
Rugbrød
ライ麦全粒粉が主要原材料のパン。

ライ麦パン
種子入りタイプ
Rugbrød med frø og kerner
ライ麦全粒パンの副材料として種子を加えたタイプ。

クネッケ
Knækbrød
スウェーデン発祥のクリスプブレッド。北欧全土で食されている。賞味期間が長い。

サワードゥブレッド
Surdejsbrød
味に深みがあり、一般のパンに比べて日持ちがする。

ライ麦入りパン
Sigtebrød
精白したライ麦と小麦を混ぜて焼く北欧の伝統的なパン。スモーブロに使う。

バケット
Flute
フランス由来のパン。サンドイッチ、スープやサラダなどのお供として使う。

冷蔵発酵のパン
Koldhævede boller
前日に仕込んで翌日朝一番に使えるので朝食に重宝される。

種子入りパン
Brød med kerner
3食全てに使えるオールマイティーなパン。

誕生日のお祝いパン
Fødselsdagsboller
甘味がある柔らかいパン。紅茶用パンという別称を持つ。

213

くだもの
Frugt

ベリー
Bær

いちご
Jordbær

6月が旬。国民的ベリー。生だけでなく加熱しても使う。

さくらんぼ
Kirsebær

7月中旬が旬。そのままやシロップ漬けにして使う。酒造に使える品種もある。

ラズベリー
Hindbær

7月が旬。甘味と酸味のバランスが素晴らしい。生だけでなく加熱しても使う。

丸すぐり
Stikkelsbær

6・7月。酸味の強く加熱するとまろやかになる。コンポートやレリッシュとして使う。

黒すぐり
Solbær

7・8月が旬。個性的な酸味が魅力。ジャム、コーディアル、シュナップスに適している。

赤すぐり
Ribs

7・8月が旬。酸味が強いので砂糖をまぶしたり、ジャム、ジュレ、コーディアルに適している。

ブルーベリー
Blåbær

8月が旬。そのままやジャムにして使う。

ブラックベリー
Brombær

8・9月が旬。甘味が強くジャムに適している。

プラム
Blommer

ヴィクトリア
Victoria

早稲で生食に適した品種。9月が旬だが収穫時期は短い。

ユビレアム
Jubilæum

美味。生食にも向いているが、コンポートやケーキを焼くのにも適している。8・9月が旬。

エクサリブア
Excalibur

果汁が多く甘味が強い品種。生食用。9月が旬。

バロア
Valor

ラム酒やマデラ酒に漬けて保存できる。加熱向き。コンポートにも適している。9月が旬。

梨・マルメロ
Pærer & kvæder

クララ・フリース
Clara Friis

硬めの果肉で甘い梨。生食向き。チーズのお供やフルーツサラダに。8・9月が旬。

アンナ
Anna

甘味が強い梨。生食向き。チーズのお供やフルーツサラダに。9・10月が旬。

コンファランス
Conference

果汁が多く甘く香り高い梨。加熱にも適している。10月中旬が旬だが12月まで楽しめる。

カトリーネ
Katrine

薄い皮で生食に適している。10月下旬が旬。

ルーカス
Lucas

硬めの果肉で甘い梨。生食向き。チーズのお供や、フルーツサラダに。10月〜12月。

コンコルド
Concorde

硬めの果肉で甘い梨。生食向き。チーズのお供や、フルーツサラダに。10月〜12月。

ダイエンネ
Doyenne

10月から1月まで楽しめる大きな梨。硬めの果肉で甘い。生食向き。

マルメロ（りんご型）
Æblekvæde

果肉を羊羹のように固めて使う。デザートやローストの詰め物にも。8月〜11月。

マルメロ（梨型）
Pærekvæde

果肉を羊羹のように固めて使う。デザートやローストの詰め物にも。8月〜11月。

りんご
Æbler

グルボー
Guldborg

早稲種の夏りんご。旬が短い。歯ざわりよく、酸味と甘味を持つ。

ディスカバリー
Discovery

人気の高い早稲種。歯ざわりよく、甘い。旬が短い。

コリーナ
Collina

初秋に収穫。低温圧搾のストレートジュースにも使われている。

ブレデエーブル
Bredæble

料理用。酸味が強く加熱向き。11月が収穫時期。

グロスティン
Gråsten

長い歴史を持つ品種。生食向き。9月が収穫時期。

フィリッパ
Filippa

味に深みがある。初秋に収穫。旬が短い。

むつ
Mutzu

日本原種。フレッシュな味。北欧の気候に適している。

ホルスタイン・コックス
Holstein Cox

濃厚な味。秋りんご。加熱でも生でも美味。長期保存に適している。

コックス・オランジュ
Cox Orange

濃厚で旨味が強い。黄色い果肉で『りんご豚』やりんご煮マッシュに適する。

イングリッド・マリー
Ingrid Marie

濃厚な味で真っ赤なりんご。生食用。フレッシュな味でサラダに入れてもおいしい。

エルスター
Elstar

味のバランスがよく人気が高い。生食に適している。

ガラ・マスト
Gala Must

比較的新しい品種。甘味が強く、硬めの果肉で歯触りがよい。初冬まで保存可。

ベラ・デ・ボスコップ
Belle de Boskoop

料理用。旨味がありタンニンを含む。マッシュや家禽類の詰め物、『りんご豚』にも◎

ピジョン
Pigeon

クリスマス用。真っ赤なりんご。果肉は硬くわずかな苦味とさっぱりした味が特徴。

その他
Diverse

ルバーブ
Rabarber

春の訪れを感じる食材。収穫は夏まで。酸味が強い。スイーツに利用することが多い。

スナジグミ
Havtorn

北欧のパッションフルーツ。フレッシュ感や酸味を添える役割を担う。デザートに使う。

ローズヒップ
Hyben

晩夏から秋にかけて熟れる。ジャムにしたり、シュナップスの香りづけに使う。

こけもも
Tyttebær

北欧らしい味を特徴とする。

エルダー（西洋ニワトコ）
Hyldebær

コーディアルやフルーツスープに適している。

西洋カマツカ
Aronia–Sortbær

コーディアルやジャム、ドライフルーツに適している。

スピノサスモモ
Slåen

シュナップスの香りづけに適している。

エゾノコリンゴ
Paradisæble

ジュレやシュナップスの香りづけに適している。

ヘーゼルナッツ
Hasselnød

晩夏に収穫。サラダ、パンや焼き菓子に利用する。

野菜
grønsager

夏野菜
Sommer
grønsager

マーシュ
Vårsalat

3〜4月。サラダに向く。非加熱料理のつけあわせに適している。

ほうれん草
Spinat

4〜10月は露地物が入手できる。サラダ、タルト、クリーム煮、つけあわせとして使う。

ラディッシュ
Radiser

4〜10月。生でチーズのお供、スモーブロの飾り、スナックとして使う。

ホワイト・アスパラガス
Asparges, hvid

5〜6月。初夏の贅沢食材。茹でるのが一般的だが、グリル焼きやフリカッセなどにも。

アスパラガス
Asparges, grøn

5〜6月。茹でたり焼いたりグリル焼きに適する。つけあわせ、スープ、サラダにも使える。

不断草
Bladbede

5〜11月。温かい野菜料理やつけあわせとして使う。

ルッコラ
Rucola

4〜10月。サラダ、スモーブロ、サンドイッチの具材として使う。

細ねぎ（万能ねぎ）
Forårsløg

4〜6月。サラダ、スモーブロ、あしらい、グリル焼き、煮込み料理などに使う。

ミニ・ロメインレタス
Hjertesalat

6〜9月。人気の高いレタス。サラダ、スモーブロ、サンドイッチの具材として使う。

新ビーツ
Rødbeder, nye

6〜7月。茹でたり焼いたりして使う。酸味が効いたドレッシングと相性がよい。

グリーンピース
Ærter

6〜8月。甘みが強い。サラダ、煮込み料理、スープ、つけあわせとして使う。

いんげん豆
Grønne bønner

8〜9月。茹でたり蒸したりして、温かい料理のつけあわせやサラダの具として使う。

新にんじん
Gulerødder, nye

6〜9月。ディップをお供に生で食したり、茹でたりグリル焼きにしてつけあわせとして使う。

コールラビ
Glaskål

7〜9月。ピリッとした味が特徴。加熱すると柔らかい味になる。サラダやつけあわせに。

新玉ねぎ
Løg, nye

6月。茹でたり、グリル焼き、つけあわせ、サラダ、スモーブロのあしらいに使う。

カリフラワー
Blomkål

7〜9月。茹でたり蒸したり、グリル焼き、ピュレ仕立てで副菜として使う。

とんがりキャベツ
Spidskål

5〜8月。茹でたり蒸したり、グリル焼きにして使う。チーズと一緒に焼いてもよい。

ブロッコリー
Broccoli

7〜9月。茹でたり焼いたりして、スープやサラダ、つけあわせ、卵料理・タルトの具材に。

空豆
Hestebønner

8〜9月。茹でてサラダや煮込み料理、つけあわせに使う。

きゅうり
Agurk

8〜9月。生のままにスナックとして、サラダやスモーブロの具材として使う。

ピクルス用きゅうり
Drueagurk

8〜9月。ピクルスにして、フライパン料理のつけあわせやスモーブロの具材として使う。

トマト
Tomater

8〜9月。サラダやスモーブロの具材ソースやスープ、煮込み料理やピザに使う。

ズッキーニ
Zucchini

8〜10月。グリル焼きの他ミートソースやラタトゥイユ、スープの具材に。

冬野菜
Vinter grønsager

にんじん
Gulerod

6〜4月。北欧の代表野菜。生でサラダとして、加熱してつけあわせとして使う。

いろいろな色のにんじん
Farvede gulerødder

6〜4月。サラダやつけあわせに色を添える。

かぶ
Majroe

7〜10月。煮込み料理や野菜料理に使う。肉のつけあわせにも。

根セロリ
Knoldselleri

9〜4月。茹でたり、焼いたり、炒めたりして、つけあわせ、煮込み料理、スープなどに使う。

パースニップ
Pastinak

9〜3月。茹でたり、焼いたり、炒めたりして、つけあわせ、煮込み料理、スープなどに使う。

根パセリ
Persillerod

9〜3月。茹でたり、焼いたり、炒めたりして、つけあわせ、煮込み料理、スープなどに使う。

ルタバカ
Kålrabi

9〜3月。じゃがいもやにんじんと共にマッシュにしたり、茹でてサラダの具材として使う。

菊芋
Jordskok

7〜4月。茹でたり、焼いたり、炒めたりして、つけあわせ、煮込み料理、スープなどに使う。

セロリ
Bladselleri

7〜10月。サラダ、スナック、チーズのお供、煮込み料理、オーブン料理に使う。

ビーツ
Rødbede

8〜4月。生の他、茹でたり、焼いたりして、サラダやつけあわせに使う。ピクルスにも使う。

縞ビーツ
Bolchebede

8〜4月。生の他、茹でたり、焼いたりして、サラダやつけあわせに使う。

紫キャベツ
Rødkål

8〜4月。サラダには生で、加熱では甘酢煮にして、肉料理のつけあわせとして使う。

キャベツ
Hvidkål

8〜4月。北欧の代表野菜。サラダ、炒め物、ロールキャベツなどに使う。

黒キャベツ
Palmekål

6月〜11月。にんにくと一緒に炒めて使う。

ケール
Grønkål

9〜4月。サラダ、炒めもの、スープ、クリーム煮に使う。

芽キャベツ
Rosenkål

9〜4月。茹でたり炒めたりして使う。

サラダキャベツ
Salatkål

6〜10月。生でサラダに使ったり、グリル焼きにできる。キャベツと同じように使える。

ちりめんキャベツ
Savoykål

9〜12月。生でサラダに使ったり、ロールキャベツに使う。

玉ねぎ
Løg

"全ては玉ねぎから始まる" 最も使用頻度の高い野菜。煮込み、つけあわせに使う。

紫玉ねぎ
Rødløg

6〜4月。普通の玉ねぎよりも柔らかい味。スモーブロの薬味にも使われる。

エシャロット
Skalotteløg

6〜4月。香味が強い。煮込み料理の他、ドレッシングやあしらいにも使う。

にんにく
Hvidløg

5〜4月。ドレッシング、煮込み料理、スープ、ピクルスなどに使う。

ポロねぎ
Porre

8〜4月。茹でたり、焼いたりしてスープやオムレツ、煮込み料理、タルトの具に使う。

かぼちゃ
Græskar

8〜5月。スープ、焼き野菜として、スイーツに使う。

きのこ
Svampe

マッシュルーム
Champignon

1〜12月。サラダ、ソースの具材、つけあわせ、煮込み料理、などに使う。

ジロール茸
Kantarel

7〜10月。炒めて卵料理、ジビエ料理、クリームソースなどに使う。

ミキイロウスタケ
Tragtkantarel

7〜10月。ジビエを使った煮込み料理、きのこソースなどに使う。

ヤマドリタケ
Karl Johan

7〜10月。ピザやパスタの具材として、煮込み料理などに使う。

じゃがいも
Kartofler

アスパラガスじゃがいも
Apargeskartoffel

7〜4月。上品な煮崩れしない品種。茹でじゃがいもに適している。

紅じゃがいも
Rød kartoffel

7〜4月。柔らかい肉質でマッシュポテトやオーブンポテトに適している。

焼きじゃがいも用
Bagekartoffel

7〜4月。柔らかい肉質でマッシュポテトやベイクドポテトに適している。

新じゃがいも
Nye kartofler

5〜7月。北欧の初夏を楽しむ特別な位置づけの食材。5月下旬からの5週間が美味。

香辛料
Krydderier

シナモン
Kanel

シナモンロールなど、主にスイーツに使う。

クローブ
Nellike

クリスマス・スパイスの一つで、紫キャベツの甘酢煮やグルックなどのクリスマス料理に使う。

ジュニパーベリー
Enebær

ジビエ料理に使うことが多い。

カルダモン
Kardemomme

お祝いパンやスパイスホットワインに使う。

クミン
Kommen

サワードゥブレッドやクネッケなどの甘くないパンの香りづけやキャベツ料理に使う。

スターアニス（八角）
Stjerneanis

最近、使われることが多くなった香辛料。グルックやスイーツに使う。

フェンネル
Fennikelfrø

フィンランドのライ麦パンなどのスパイス、魚料理に使う。

オールスパイス
Allehånde

万能香辛料。レバーパテやロールソーセージ（P.221）、スパイス菓子に使う。

ナツメグ＆メース
Muskatnød & blomme

牛乳や生クリームを使う料理、ベシャメルソースの香りづけによく使われる。

マスタードシード
Gul Sennep

主に野菜のピクルスに使う。マスタードの主原料。

黒胡椒
Sort peber

料理の仕上げに、ペッパーミルを使い、味を整える。食卓に常備してあることも多い。

白胡椒
Hvid peber

白身魚やスープ、ブイヨンに使う。

ローリエ
Laurbærblad

スープ、野菜・魚・肉などの煮込み料理に使う。

バニラ
Vanilje

クリーム、くだものマッシュ、焼き菓子など、スイーツに使うことが多い。

乳製品
Mejeriprodukter

牛乳 (乳脂肪3.5%)
Mælk

日常的に頻繁に使われる食材。低脂肪牛乳の種類も豊富。

バターミルク
（乳脂肪分0.9%）
Kærnemælk

生クリームからバター製造で取り除かれる水分。

生クリーム
（乳脂肪分38%）
Piskefløde

生乳の乳脂肪のみを原料としたクリーム。

クレームフレーシュ
（乳脂肪分38%）
Creme Fraiche

生クリームを発酵させた乳製品。

発酵乳 (乳脂肪分3.5%)
Ymer

牛乳を乳酸菌または酵母で発酵させたもの。豊富な品揃え。

発酵バター
Smør

有塩と無塩がある。有塩が一般的。

フレッシュチーズの燻製
Rygeost

フレッシュチーズを数分燻製したデンマークの伝統チーズ。脂肪分10%

山羊のチーズ
Gedeost

昔から作られてきたチーズ。

白かびチーズ
Hvidskimmelost

白かびによる熟成で風味をつけたチーズ。

ダンボー
Danbo

コクのある風味と独特の香りが特徴。短期、中期、長期発酵タイプが存在。

北海チーズ
Vesterhavsost

熟成の旨味が楽しめるチーズ。高い人気を誇っている。

ヴェステルボッテンチーズ
Västerbottensost

きめが粗いため独特の食感と濃厚な味を持つチーズ。

青かびチーズ
Blåskimmelost

青かびによる熟成で風味をつけたチーズ。

イェトストチーズ
Myseost / Brunost

乳清を煮詰めてカラメル状にするため褐色で塩キャラメルに似た味のチーズ。

水産加工品
Fiskeprodukter

鰊のマリネ
Marineret sild

塩漬けの鰊フィレを甘酢マリネにする。スモーブロやクネッケやじゃがいもを添えて。

ブルーベリーマリネ鰊
Blåbærsild

鰊のマリネの一種で、ブルーベリー入りのマリネ液を使う。

鰊の燻製
Røget sild

温燻製。身をきれいに外して、生の卵黄、ラディッシュ、あさつきと一緒に食する。

鯖の燻製
Røget markel

温燻製。スモーブロ、炒り卵に、サラダの具材として使う。

うなぎの燻製
Røget ål

温燻製（75〜100℃）。炒り卵を組み合わせてスモーブロとして食する。

カラスガレイの燻製
Røget hellefisk

冷燻製（20℃）。スモーブロ、サンドイッチ、サラダの具材として使う。

スモークサーモン
Kold røget laks

冷燻製（20℃）。スモーブロ、サンドイッチ、サラダ、ムースの具材として使う。

鮭の温燻製
Varmrøget laks

スモーブロ、サンドイッチ、サラダ、ムースの具材。温かい料理にも使える。

海老の燻製
Røgede rejer

温燻製（75〜100℃）。濃厚な味。サラダや、魚介類のアソートプレートに使う。

鮮魚介類
Fisk & Skaldyr

プタスダラ
Kulmule

旨味があり身離れのよさで人気がある。オーブン焼き、フライパン焼き、スープの具などに。

鯖
Makrel

脂がのった魚。夏が美味。フライパン焼きやグリル焼きに使う。

鰊
Sild

9月頃に脂がのり特に美味。焼いたりマリネにしたり茹でたりする。

プレイス
Rødspætte

骨つきでバター焼きにしたり、三枚に下ろしてスモーブロや魚料理の具材に使う。

鱈
Torsk

冬が旬。茹でたり焼いたり、魚のフリカデラやスープなど様々に使える。

鮭
Laks

ノルウェー産の養殖ものが大半、天然ものは希少。フライパン/オーブン焼きが一般的。

鱒
Ørred

天然と養殖ものが存在。フライパン、グリル、オーブン焼きを温かい料理やサラダに使う。

うなぎ
Ål

焼いてポテトサラダと供する。甘酢マリネにしてもよい。P.111のテリーヌに使える。

フィエシング(蜘蛛魚)
Fjæsing

背鰭に毒棘を持つ。バター焼きにしたり、スモーブロの具材に使う。

ホウボウ
Knurhane

旨味のある魚で、皮がバリバリになるまで焼くこともできる。

タイセイヨウ
ヒレグロ(ヒラメの一種)
Skærissing

バター焼きにしたり、スモーブロの具材に使う。

ヨーロッパソール
(舌平目)
Søtunge

上等で高価な白身魚。バター焼きやオーブン焼きにする。

イカ
Blæksprutte

北欧ではイカ賊が多く漁れるが郷土料理としては存在しない。南欧風料理に使う。

ヨーロッパヌマガレイ
Skrubbe

粗い肉質の旨味のある白身魚。バター焼きにしたり、スモーブロの具材に使う。

ムール貝
Blåmuslinger

ハーブと一緒に蒸したり、サラダや魚介のアソートプレートの具材などにする。

リム海峡産ヒラガキ
Flade østers fra Limfjorden

地元で漁れるヒラガキは贅沢な食材で、生のままを楽しむ。トッピングを合わせてもよい。

マテガイ
Knivmuslinger

細長い貝で身離れがよい。バター焼きにしたり蒸して使う。

グリーンランド甘えび
Kutterrejer

冷たい海域でゆっくり育つため、独特の甘みを持つ。スモーブロやサラダなどに使う。

バルト海老(スジエビ)
Fjordrejer

6〜8㎝長の小海老。加熱で淡いピンク色になり、エビらしい香りと甘味で美味。

ヨーロッパアカザエビ
Jomfruhummer

8月が最も美味。茹でてドレッシングと一緒に供する。スープやグリル焼きにも適する。

ヨーロッパザリガニ
Krebs

8月が旬。茹でてザリガニパーティーに使うか魚のつけあわせに使う。

ランプフィッシュ
キャビア
Stenbiderrogn

2〜4月が旬。北欧産キャビア。加熱せずに使う。

鱈の子
Torskerogn

大西洋鱈の卵巣。バター焼き(P.128)の他、茹でてスモーブロにも使う。

ホワイトフィッシュ
キャビア
Løjrom

10〜12月が旬。スウェーデン特産。加熱せずに使う。

食肉
Kød & fjerkræ

豚肉
Gris

日常的な食材。ロースやももの塊肉は特別な日に使う。子豚を丸焼きにすることもある。

牛肉
Okse

挽き肉は日常的な食材。ステーキやロースやももの塊肉は週末や特別な日に使う。

仔牛肉
Kalv

挽き肉は日常的な食材。ステーキや、ロース・もも肉の塊肉は週末や祝いの日に使う。

子羊肉
Lam

ロース・もも肉の塊は特別な日に、挽き肉はフリカデラに、こま切れ肉は煮込みに使う。

鶏肉
Kylling

日常的な食材。オーブン焼きやプライパン焼きが頻繁。煮込み料理やスープにも使う。

鴨肉
And

丸鴨はハレの日に使う。胸肉は週末や祝いの席に。もも肉は低温で長時間焼く。

雉肉
Fasan

秋の定番。胸肉は焼いたり煮込み料理に。もも肉は時間をかけてスープやソースに使う。

鹿肉
Hjort

狩猟解禁期間の贅沢食材。ロースやももはローストに、他の部位は煮込みやパテに。

ヘラジカ肉
Elg

スカンジナビア半島特産。ロースやももはローストに、他の部位は煮込みやパテに。

食肉製品
Kødprodukter

ソーセージ
Pølser

豚、牛、子羊ひき肉の腸詰め。塩と香辛料で多様に調味する。茹でたり焼いたりする。

メディスタ・ソーセージ
Medister

豚ひき肉を塩と香辛料で調味した腸詰め。

ハム
Skinke

豚のもも肉を塩と砂糖と香辛料が入った液体に漬けて仕込む。ハムは茹でて使う。

ベーコン
Bacon

塩漬け燻製ベーコンは煮込み料理などの調味料の中心的存在。

食肉加工品
（パンにのせるタイプ）
Kødpålæg

レバーパテ
Leverpostej

豚、牛、子羊肉と種類が豊富。スモーブロとして食する。

ロール・ソーセージ
Rullepølse

豚バラ肉をハーブや香辛料で調味した巻きソーセージ。スライスしてパンと食する。

燻製ソーセージ
Spegepølse

薄くスライスしてライ麦パンなどにのせて食する。普段の日のスモーブロに用いる。

ハーブ風味ラード
Krydderfedt

豚脂をタイム、りんご、玉ねぎで風味づけした伝統的スプレッド。

レバーソーセージ
Leverpølse

豚レバーと豚脂を塩と香辛料で調味し腸詰めにしたパテの一種。

ブラッドソーセージ
Blodpølse

豚脂や挽き割り大麦に豚の血と香辛料を加えて作る。バター焼きにりんご煮を添える。

茹でハム
Kogt skinke

薄いスライスをサンドイッチやスモーブロの具材に使う。サラダや卵料理に加えてもよい。

天日乾燥の生ハム
Lufttørret skinke

サンドイッチの具材、おつまみ、サラダに使う。ピザの具としても魚を焼く際にも使える。

塩漬け肉
Saltkød

牛・仔牛もも肉の塩漬け。レバーパテとのスモーブロ『獣医の夜食』は定番。

221

飲み物図鑑
Drikkevareoversigt

アルコール飲料

ビール Øl

有機ピルスナー
Herslev Bryghus社／デンマーク

ピルスナーは北欧で最も一般的な淡色の下面発酵ビール。安価な缶入り、クオリティの高い瓶入り、オーガニックが入手できる。レストランやフェスティバルでは、樽から供されることが一般的。

有機クリスマス・ビール オレンジ風味の赤エール
Herslev Bryghus社／デンマーク

伝統的にクリスマス・ビールは一般のビールよりも濃厚な味が特徴。アルコール度数は6％と、一般のビールより高い傾向にある。冬の季節限定商品。

『フュン島の春』有機ビール
Ørbæk Bryggeri社／デンマーク

北欧の規模の小さい醸造所は、特徴のあるビールを製造していることが多い。このビールは、軽やかでフルーティーな味が特徴。

有機『エールNo.16』
Bryggeriet Refsvindinge社／デンマーク

上面発酵で醸造された『エール No.16』は、これまでに多くの賞を受賞している。ため、製造元であるデンマークで最も小規模な醸造所も名を馳せている。食事、特にスモーブローや肉を使った煮込み料理との相性は格別。

『ツボルグ生』無濾過・有機（缶）
カールスバーグ社／デンマーク

ツボルグは、大手メーカー・カールスバーグ社のブランド。消費者向けから大規模なイベントなどでの利用まで幅広い分野を網羅している。北欧ではオーガニック商品を求める声が高いため、缶入りの有機ビールが発売された。

シードル Cider

『フェイ島シードル』 ドゥミ・セック（やや甘口）
Fejø Cider社／デンマーク

デンマーク、スウェーデン、ノルウェーでのシードル醸造は、ここ10年間で大きく発展した。地元の醸造メーカーが製造するシードルも甘くて廉価なシードルから高いクオリティのシードルへと大きく変化した。アルコール度数はビールとほぼ同じ。

デンマーク産有機自然派 シードル『シグナチュア』
SigNatur ÆBLEROV社／デンマーク

りんごの低温圧搾ストレート果汁を自然発酵させるシードル製造は、近年の自然発酵ワイン醸造の波に乗じて生産が上昇。複雑な味わいを求める声は年々高くなっている。

蜂蜜酒 Mjød

蜂蜜酒
Mjød Underfundig社／デンマーク

蜂蜜で醸造させた歴史のある北欧の酒。今日では、希少価値の高い特産品となっている。甘味が強いため、冷やしてデザートやチーズなどに供する。

フルーツワイン Frugtvin

さくらんぼ酒『フレデリクスデル スア・リー』
Frederiksdal Kirsebærvin社／デンマーク

地元の上質なサワーチェリーを主原料にした、素晴らしいクオリティを持つさくらんぼワイン。アルコール度数15％。12℃くらいの温度で楽しむ。チーズ、デザート、チョコレートなどに合う。米のミルク粥のクリーム和え『リ・サラマン』（P. 207）にも。

発泡りんごワイン『イングリッド』
Andersen Winery社／デンマーク

イングリッド・マリー種のりんごを醸造した発泡ワイン。北欧では葡萄の生産が難しいので、フルーツワインの醸造が広まっている。りんご、梨、いちご、さくらんぼなどで醸造される。

ワイン Vin

有機赤ワイン
『ルージュ』
Chateau Terre Forte社
／フランス

オーガニックかつバイオダイナ
ミック農法で造られた無濾過
の赤ワイン。コート・デュ・ロー
ヌ（Côtes du Rhône）。アル
コール度数13％。北欧では、
赤ワインも比較的頻繁に飲ま
れている。ヨーロッパ圏内外
のワイン産地からのものが大
半である。

白ワイン
『Sterling 2018』
Vejrhøj Vingård社／
デンマーク

ソラリス種を使い、樫の樽で
11ヶ月醸造された辛口ワイ
ン。完熟りんごと梨、松葉の香
りを持つ豊潤で複雑な味。魚
料理や野菜料理などに合う。
アルコール度数14％。8～
10℃で楽しむ。デンマークと
スウェーデンの南部は、ワイン
醸造の最北部。

有機オレンジワイン
Vexebo Vin社／
デンマーク

ソラリス種を使い、自然発酵で
醸造されたオレンジワイン。ア
ルコール度数12.5％。近年、
特に食事用のワインとして、オ
レンジワインに高い注目が集
まっている。白ブドウを使って
赤ワインのように醸造するため、
タンニンを多く含む。オレンジ
色が美しいワイン。

ジン Gin

発酵ジン『Fallen Pony』
（こけたポニー）
Empirical Spirits社／
デンマーク

発酵ハーブを使った味わい
深い商品を、多種類、醸造し
ているメーカー。アルコール
度数35％。

リキュール
Gammel Dansk

『ガンメル・ダンスク
ビターリキュール』
DET DANSKE SPIRITUS
KOMPAGNI社／
デンマーク

29種類のハーブや香辛料か
ら抽出したエキスが原料となっ
ているビターリキュール。アル
コール度38％。北欧に伝わる
飲み物で、朝食に添えたり、特
別な日やお祝いの席で楽しん
だりする伝統がある。料理の風
味づけに使ってもよい。

シュナップス・アクアヴィット Snaps/akvavit

『Birkir』（ビアキア）
Foss Distillery社／
アイスランド

白樺の木の香りが特徴のア
イスランド産アクアヴィット。
アルコール度数38％。白樺
の樹皮が独特の色を与えて
いる。食事だけではなく、
ショットとしても楽しめる。

有機シュナップス『シュー
マッカーのヤチヤナギ
蒸留酒』Schumachers
Porse brændevin
Schumachers社／
デンマーク

アクアヴィットの香りづけで最
も一般的なヤチヤナギ（ヤマ
モモの一種）を使い、有機小
麦を主原料としたアクアヴィッ
ト。アルコール度数38％。室
温で楽しむ。ランチやスモー
ブロだけではなく、クリスマス
や復活祭などのハレの日の正
餐にも供することができる。豚
や牛を使った脂っこい料理な
どにも合う。

『オールボー・ディル・
アクアヴィット』Aalborg
Dild Akvavit
Aalborg Akvavit社／
デンマーク

デンマーク王室御用達の伝
統的なアクアヴィット。アル
コール度数38％。ディルの
香りづけが特徴で、鰊や燻
製の魚などの魚料理や仔
羊料理によく合う。冷やし
て、もしくは常温で、鰊マリネ
（P.57）やザリガニパーティー
（P.117）などで楽しむ。

有機アクアヴィット
『O.P.アンダーソン・オ
リジナル・アクアヴィット』
O.P.Anderson Original
Aquavit
O.P. Anderson Aquavit
社／スウェーデン

スウェーデンの伝統的なアク
アヴィットで、アルコール度
数は40％。クミン、フェンネル、
アニスで風味づけられ、オー
ク樽で6ヶ月じっくりと発酵さ
せた有機アクアヴィット。冷や
して、もしくは常温で、鰊マリネ
（P.57）やザリガニパーティー
（P.117）、長期発酵のチーズ
などと楽しむ。

『リニア・アクアヴィット』
Linie Aquavit
アルクス社／ノルウェー

ノルウェー王室御用達の伝
統的なアクアヴィット。じゃが
いもを主原料とし、北欧のハー
ブや香辛料で香りづけされた
なめらかでバランスの良い蒸
留酒。アルコール度数41.5％。
リニアとは「赤道」という意味
で、その昔、樽詰めしたアクア
ヴィットを船に積み、赤道越
えの航海から戻ってくると、風
味が向上していたことに由来
する。200年以上、独特の製
造製法を忠実に守り、蒸留し
たアクアヴィットをシェリーの
古樽に詰め、オーストラリアま
で航海させて製品化している。
室温で、魚介類の料理や「仔
羊肉のキャベツ煮」（P.159）な
どと楽しむ。

ノンアルコール飲料

ラム酒 Rom

オーガニック・
ラム酒『Mørk Rom』
Nohrlund社／デンマーク

樽醸造。焦げたカラメル、アプリコット、甘いリコリスの風味が特徴。アルコール度数40％。近年、ショットを楽しむことが流行となっているため、北欧の蒸留酒メーカーでも、地元の素材でおいしいものを開発し続けている。消費者側のオーガニック製品への関心は高い。

ウィスキー Whisky

ライ麦ウイスキー
『ユーリライ』ニューメイク
Kyrö社／フィンランド

100％フィンランド産ライ麦を使用し、ポットスチルで蒸留された北欧初のライ・ウイスキー。アルコール度数46.3％

『Stauning Rye』
（スタウニング・ライ）
Stauning Whisky社／デンマーク

ウィスキー製造に熱い情熱を持つデンマーク人が醸造するウィスキー。地元のライ麦と大麦を使用。カラメル、バニラ、シナモン、オークの香りが特徴。その品質は世界的に高い評価を得ている。アルコール度数50％

りんごの低温圧搾ストレート果汁『エーブルモスト』Æblemost

りんごの低温圧搾ストレート果汁『フェイ島エーブルモスト』
Irma社／デンマーク

りんごの低温圧搾ストレート果汁は、北欧全土で製造されている。無糖。

りんごの低温圧搾ストレート果汁『エーブルモスト・エルスター種』
Irma社／デンマーク

エルスター種のりんごのみで製造された低温圧搾ストレート果汁。単一種のタイプは、甘めのもの、酸味の強いもの、香り高いものなど、品種による味の特徴を楽しめる。無糖。

スムージー Smoothie

『マイ・スムージー
ワイルドブルーベリー』
myGoodness社／スウェーデン

スムージーは、ここ10年ほどで人気が定着している。ブルーベリーのスムージーは、おやつ時に、朝食に、ブランチに冷やして飲む。

コーディアル
（希釈ドリンクの素）
Saft

『赤ブレンド・コーディアル』
Søbogård社／デンマーク

赤いベリーで作られた甘いコーディアル。北欧全土で、冷たい希釈ドリンクとして、冬のスキー場などでのホットディー（アルコールや湯で割った温かい飲みもの）として常用されている。おやつに、薄焼きパンケーキ（P.31）、特別な日のスイーツなどに合わせる。

グルッグ Glögg

『デラックス・
グルッグ濃縮液』
Søbogaard社／デンマーク

赤い「グルッグ」（P.199）は、赤ワインをベースに作るが、この商品は、有機コーディアルで作られたノンアルコール版。グルッグは、クローブ、オールスパイス、シナモン、オレンジで香りをつける。レーズンとアーモンドダイスを入れ、温めて供する。クリスマスを待つ11月と12月に楽しむ。

グルッグ用濃縮液『Meyersりんごグルッグ』
Løgismose Meyers社／デンマーク

白いグルッグは、りんごの低温圧搾ストレート果汁『エーブルモスト』か白ワインをベースに作る。グルッグに使う伝統的な香辛料のクローブ、オールスパイス、シナモン、オレンジにスターアニスを加えて、香りをつける。レーズンとアーモンドダイスを入れ、温めて供する。クリスマスを待つ11月と12月に楽しむ。

炭酸飲料 Sodavand

**有機りんご炭酸水
『りんごの泡』**
Naturfrisk社／デンマーク
りんごの低温圧搾ストレート果汁から作られた有機炭酸飲料水。無糖。

**有機ラズベリー炭酸水
『ラズベリーの泡』**
Naturfrisk社／デンマーク
ラズベリーの果汁で作られた有機炭酸飲料水。

**有機エルダーフラワー炭酸水
『エルダーフラワー』**
**Brødrene Adelhardt社／
デンマーク**
エルダーフラワー味の有機炭酸飲料水は、子どもにも大人にも高い人気を誇っている。アルコール飲料で割ることもできる。

有機コーラ『Cola』
**Brødrene Adelhardt社／
デンマーク**
一般的には世界的な大手メーカーが製造するコーラが普及しているが、地元の小規模メーカーで生産されているコーラを選択する親や若者が増えている。

その他 Diverse

**ミネラル・ウォーター
『Iskilde Still』（イース・
キルスティル）**
Iskilde社／デンマーク
北欧の水は安全で、鉱泉を使っている水道水もおいしく飲める。硬水の度合いも場所によって違いがある。ペットボトルや瓶に入ったものも、炭酸なしと炭酸入りで入手できる。

紅茶・緑茶・ハーブティー
北欧では、イギリスと同じように紅茶を嗜み、緑茶やハーブティーもよく飲まれている。温かいものを飲むことが一般的だが、夏には冷たくして飲むこともある。

コーヒー
北欧では、コーヒーを常飲する人が多い。コーヒー消費国ランキング上位には、毎年、コーヒー好きの北欧の国々がせめぎ合っている。コーヒーは、朝食時、午前中、午後に多く飲まれる。ブラックで飲むことが多いが、ミルクや砂糖を入れることを好む人も少なくない。コーヒーは、フレンチプレスもしくはドリップ式で淹れるのが定番だが、最近では、エスプレッソマシンを自宅に置く人も増えてきている。

料理の組み合わせ方

朝食・ブランチ
MORGENMAD/BRUNCH

＜日曜日の朝食・ブランチ1＞
- 冷蔵発酵パン　バター、チーズ、いちごのジャムを添えて（P.37）
- 薄焼きパンケーキ　フレッシュ・ベリーを添えて（P.31）

＜日曜日の朝食・ブランチ2＞
- ほうれん草のバター炒め　落とし卵とライ麦パンクルトンを添えて（P.81）
- スウェーデン風チーズケーキ　いちごのマリネを添えて（P.178）

春・夏の献立
MENUER TIL FORÅR OG SOMMER

＜初春のお招きごはん＞
前菜：アスパラガスのポタージュ（P.76）
主菜：バター風味の薄焼きカツレツ『シュニッツェル』　夏野菜を添えて（P.135）
デザート：ルバーブといちごのトライフル（P.173）

＜初夏の週末ごはん・お招きごはん＞
前菜：クリームソースで和えた鶏とアスパラガスと海老のタルトレット（P.83）
主菜：バター風味の薄焼きカツレツ『シュニッツェル』　夏野菜を添えて（P.135）

＜夏の週末ごはん・お招きごはん＞
前菜：海老・トマト・レタスのスモーブロ（P.45）
主菜：鶏胸肉のフライパン焼き　ルバーブの塩味コンポートを添えて（P.134）
デザート：赤いベリーのコンポート　生クリームを添えて（P.177）

<＜夏のお招きごはん・お祝いごはん＞>

＜夏のお招きごはん・お祝いごはん＞
主菜：鶏のフリカッセ（P.133）
デザート：ルバーブといちごのトライフル（P.173）

＜盛夏のお祝いごはん＞
前菜：海老のカクテル（P.85）
主菜：デンマーク風ハンバーグ『フリカデラ』　ポテトサラダを添えて（P.139）
デザート：スウェーデン風チーズケーキ　いちごのマリネを添えて（P.178）

＜夏のお招きごはん＞
前菜1：カリフラワーのポタージュ　グリル焼きカリフラワーのトッピング（P.86）
前菜2：鱒とズッキーニ入りグリーンサラダ　ラズベリービネグレット（P.91）
主菜：骨抜き丸鶏のパテ入りロースト　きゅうりのサラダとグリーンサラダ（P.141）
デザート：ルバーブといちごのトライフル（P.173）

＜夏のベジタリアンごはん＞
主菜：ハーブたっぷりのオランデーズソースをかけたアスパラガス（P.75）
デザート：赤いベリーのコンポート　生クリームを添えて（P.177）

＜夏のベジタリアンごはん＞
前菜1：アスパラガスのポタージュ（P.76）
前菜2：ライ麦生地のじゃがいもピザ　葉にんにくの香りを添えて（P.77）
主菜：ブロッコリーのスフレ・グラタン　バターソース添え（P.97）
デザート：『鳥の巣』焼きメレンゲ　ホイップクリームと晩夏のベリーを添えて（P.181）

＜夏のビュッフェごはん＞＊　＊大勢のお客様に対応できます。
● グリーンピースのポタージュ　ミント風味のホイップクリームを添えて（P.79）
● 茹でカリフラワーと海老　ハーブ風味のムースリーヌ・ソース添え（P.89）
● ほうれん草のタルト　ヘーゼルナッツとチーズ入り（P.95）
● ローストビーフ　じゃがいもグラタンを添えて（P.165）
● いちごのお祝いケーキ（P.193）

<夏のビュッフェごはん>＊　＊大勢のお客様に対応できます。
- アカザエビ　にんにくバジル風味ディップを添えて (P.115)
- 鱒とズッキーニ入りグリーンサラダ　ラズベリービネグレット (P.91)
- 骨抜き丸鶏のパテ入りロースト　きゅうりのサラダとグリーンサラダ (P.141)
- 薄焼きパンケーキ　フレッシュ・ベリーを添えて (P.31)

<晩夏のビュッフェごはん>＊　＊大勢のお客様に対応できます。
- カリフラワーのポタージュ　グリル焼きカリフラワーのトッピング (P.86)
- ガーフィッシュのテリーヌ　西洋わさびのクリーム添え (P.111)
- 鶏のサラダ　カリカリ鶏皮のトッピング (P.90)
- スウェーデン風チーズのタルト　グリーンサラダ添え (P.102)

秋・冬の献立
MENUER TIL EFTERÅR OG VINTER

<晩夏・秋のお招きごはん>
主菜:鹿肉の煮込み　ジロール茸入り (P.147)
デザート:『鳥の巣』焼きメレンゲ　ホイップクリームと晩夏のベリーを添えて (P.181)

<秋の週末ごはん・お招きごはん>
前菜:かぼちゃのポタージュ　炒ったかぼちゃの種のトッピング (P.103)
主菜:雉胸肉のベーコン巻き　根菜のオーブン焼きと
　　　ブラックベリーを添えて (P.148)
デザート:ライ麦パンのバタートースト
　　　ブルーチーズと黒すぐりジャムをのせて (P.35)

<秋・冬のお祝いごはん>
主菜:ミートローフ『うさぎ肉もどき』　クリームソースと赤すぐりのジュレを添えて (P.151)
デザート:レモンのスフレムース (P.183)

＜秋・冬のお祝いごはん＞
主菜：鶏もも肉と野菜のオーブン焼き　オーブンポテトを添えて（P.146）
デザート：薄焼きパンケーキ　フレッシュ・ベリーを添えて（P.31）

＜冬の週末ごはん・お招きごはん＞
前菜：ムール貝のビールとシュナップス蒸し　ハーブの香りを添えて（P.109）
主菜：白身魚のロールキャベツ　トマトソース添え（P.114）
デザート：『昔風りんごケーキ』　りんご煮マッシュのスイーツ（P.182）

＜冬の週末ごはん＞
前菜：じゃがいものポタージュ　カリカリベーコンのトッピング（P.94）
主菜：マスタード風味豚ロース・ステーキ　『おばあちゃんのドレッシング』で和えた
　　　　グリーンサラダを添えて（P.145）

＜冬の週末ごはん・お招きごはん・お祝いごはん＞*　＊大勢のお客様に対応できます。
主菜：りんごとプルーン入りロール・ローストポーク　茹でじゃがいもと
　　　　ブラウンソースを添えて（P.155）
デザート：南ユトランド地方に伝わるお祝いライ麦パンケーキ　黒すぐりジャム入り（P.191）

＜冬のベジタリアンごはん＞
主菜：黄えんどう豆の煮込みポタージュ風（P.99）
デザート：『昔風りんごケーキ』　りんご煮マッシュのスイーツ（P.182）

＜冬の週末ごはん＞
主菜：牛肩バラ肉の煮込み　レーズン入り西洋わさびのソース（P.161）
デザート：『昔風りんごケーキ』　りんご煮マッシュのスイーツ（P.182）

<冬の週末ごはん・お招きごはん>
前菜：ランプフィッシュ・キャビアのサワークリーム和え
　　　　ベイクドポテトにのせて（P.110）
主菜：白身魚のオーブン焼き
　　　　西洋わさび風味のビーツサラダを添えて（P.120）
デザート：南ユトランド地方に伝わるお祝いライ麦パンケーキ
　　　　黒すぐりジャム入り（P.191）

午後をゆっくり楽しむ献立*

FROKOSTMENUER

＊北欧では、季節の行事などに合わせて、お昼すぎから夕方まで、ゆっくりと時間をかけて、皆で和やかに食事を楽しむ習慣があります。

<ゆっくりランチ>
最初の一皿：鱒の胡椒・オレンジマリネのスモーブロ
　　　　ディル風味マスタード・ドレッシングを添えて（P.63）
次の一皿：じゃがいものスモーブロ　マヨネーズとベーコンのトッピング（P.43）
最後の一皿：ライ麦パンのバタートースト
　　　　ブルーチーズと黒すぐりジャムをのせて（P.35）

<夏のゆっくりランチ>
最初の一皿：平目のフィレと海老のコンビネーション・スモーブロ『流れ星』（P.47）
次の一皿：チーズ・スモーブロ（P.69）

<夏のゆっくりランチ・お招きごはん>
主菜：鶏・ベーコン・じゃがいものサラダ（P.87）
デザート：『鳥の巣』焼きメレンゲ　ホイップクリームと晩夏のベリーを添えて（P.181）

<夏のゆっくりランチ・お招きごはん>
主菜：カレイのバター焼き　じゃがいもとパセリソースを添えて（P.113）
デザート：赤いベリーのコンポート　生クリームを添えて（P.177）

<夏のゆっくりランチ>
最初の一皿：『夏のサラダ』スモーブロ　夏野菜の燻製フレッシュチーズ和え（P.51）
次の一皿：じゃがいもスモーブロ　マヨネーズとベーコンのトッピング（P.43）

<夏のゆっくりランチ>
最初の一皿：卵とトマトのスモーブロ（P.53）
次の一皿：鯖のフライパン焼きスモーブロ『鯖のサラダ』（P.49）
デザート：スウェーデン風チーズケーキ　いちごのマリネを添えて（P.178）

<秋・冬のゆっくりランチ>
最初の一皿：鱒の胡椒・オレンジマリネのスモーブロ
　　　　　　　ディル風味マスタード・ドレッシングを添えて（P.63）
次の一皿：『ライオンごはん』スモーブロ
　　　　　　タルタルステーキ・スモーブロ（P.65）
最後の一皿：ライ麦パンのバタートースト
　　　　　　　ブルーチーズと黒すぐりジャムをのせて（P.35）

<秋・冬の鰊プレート>
最初の一皿：鰊のマリネのスモーブロ（P.57）
次の一皿：甘酢マリネの鰊スモーブロ（P.61）
最後の一皿：鰊のマリネとビーツのスモーブロ（P.59）

<お祝いゆっくりランチ>
最初の一皿：魚 最初の一皿: 魚の『フリカデラ』
　　　　　　　レムラード・ソースとライ麦パンを添えて（P.119）
次の一皿：温かいレバーパテのスモーブロ　きゅうりのピクルスを添えて（P.67）
その次の一皿：チーズ・スモーブロ（P.69）
デザート：ルバーブといちごのトライフル（P.173）

誕生日やハレの日のお祝いごはん

FØDSELSDAG OG HØJTIDER

＜誕生日のブランチ＞*　*大勢のお客様に対応できます。
- 冷蔵発酵パン　バター、チーズ、いちごのジャムを添えて（P.37）
- フュン島に伝わる蕎麦のミルク粥（P.28）
  オートミール粥　ルバーブのコンポートを添えて（P.29）
  大麦ミルク粥　温かい丸すぐりのコンポートを添えて（P.34）のいずれか
- 発酵乳とりんご煮マッシュ　ライ麦パンの甘いそぼろを添えて（P.33）
- 薄焼きパンケーキ　フレッシュ・ベリーを添えて（P.31）
- いちごのお祝いケーキ（P.193）
- エルダーフラワー・コーディアル（P.170）

＜誕生日を祝う午後の集い＞
最初の一皿：誕生日のお祝いパン
　　　　　　　ホイップクリームを添えたホットココア（P.189）
次の一皿：いちごのお祝いケーキ（P.193）
のみもの：いちごとルバーブのレモネード（P.171）

＜伝統的なデンマークの復活祭ごはん＞
最初の一皿：『汚れた卵』　半熟ゆで卵のマスタードソースかけ（P.80）
次の一皿：鰊のマリネのスモーブロ（P.57）
最後の一皿：仔羊肉のキャベツ煮　じゃがいも入り（P.159）

＜復活祭のゆっくりランチ＞
前菜：ほうれん草のバター炒め　落とし卵とライ麦パンクルトンを添えて（P.81）
主菜：菊芋のクリーム煮　スモークサーモン添え（P.101）
デザート：レモンのスフレムース（P.183）

＜クリスマスの晩餐・1＞
主菜：鴨肉のロースト　りんごとプルーン、紫キャベツの甘酢煮、キャラメルポテト、
　　　ブラウンソースを添えて（P.201）
デザート：米のミルク粥のクリーム和え『リ・サラマン』　チェリーソース添え・マジパン豚（P.207）

<クリスマスの晩餐・2>
主菜：デンマーク風豚のロースト『フレスケスタイ』
　　　冬野菜のサラダとオーブンポテトを添えて (P.205)
デザート：米のミルク粥のクリーム和え『リ・サラマン』　チェリーソース添え・マジパン豚 (P.207)

<クリスマスの晩餐、もしくは、ゆっくりランチ>
主菜：スウェーデン風クリスマス・ハム　ケールのクリーム煮を添えて (P.203)
デザート：『昔風りんごケーキ』　りんご煮マッシュのスイーツ (P.182)

<クリスマスのお祝いゆっくりランチ・年忘れ版>
- 鰊のマリネのスモーブロ (P.57)
- 甘酢マリネの鰊スモーブロ (P.61)
- 鰊のマリネとビーツのスモーブロ (P.59)
- 鱒の胡椒・オレンジマリネのスモーブロ　ディル風味マスタード・ドレッシングを添えて (P.63)
- ほうれん草のタルト　ヘーゼルナッツとチーズ入り (P.95)
- 温かいレバーパテのスモーブロ　きゅうりのピクルスを添えて (P.67)
- 腸詰めハンバーグ『メディスタ・ソーセージ』　温かいポテトサラダとマスタードを添えて (P.153)
- 『りんご豚』厚切り豚バラ肉とりんごのソテー　根セロリのタイム風味 (P.158)
- 米のミルク粥のクリーム和え『リ・サラマン』　チェリーソース添え・マジパン豚 (P.207)

<ニューイヤーズ・イヴの晩餐>
前菜：ヨーロッパヒラガキ　りんごと西洋ワサビのマリネを添えて (P.124)
主菜：茹で鱈　定番のつけ合わせを添えて (P.127)
デザート：レモンのスフレムース (P.183)

<新年祝いゆっくりランチ>＊　＊大勢のお客様に対応できます。
最初の一皿：鱈のマリネ　フェンネルサラダ添え (P.92)
次の一皿：ノルウェー風魚のクリームスープ (P.121)
その次の一皿：アカザエビ　にんにくバジル風味ディップを添えて (P.115)
最後の一皿：スウェーデン風チーズのタルト　グリーンサラダ添え (P.102)

<このページでご紹介している食事の種類について>
週末ごはん：週末、少し特別に楽しみたいときの食事　**お招きごはん**：親しい友人・知人を招いて楽しむ食事
お祝いごはん：誕生日や記念日に親族を招いて祝う食事　**ビュッフェごはん**：銘々に好きなものを好きなだけ選んで楽しむ食事
ベジタリアンごはん：魚と肉を使わない食事　**ゆっくりランチ**：お昼過ぎからゆっくり時間をかけて楽しむ食事
ハレの日ごはん：祝祭を祝う食事　**クリスマスの晩餐**：クリスマス・イヴを祝う食事＊
＊北欧では、クリスマス・イブには家族や親族とクリスマスを厳かに祝います。クリスマスの祝日（12月25日・26日）にも家族・親族と一緒に食卓を囲んで、ゆっくりと
　時間をかけて食事を楽しみます。
クリスマスのお祝いゆっくりランチ：クリスマスを祝い、クリスマスの祝日にお昼過ぎからゆっくり時間をかけて楽しむ食事
クリスマスのお祝いゆっくりランチ・年忘れ版：クリスマスのお祝いに年忘れの意味も込めて、勤め先の上司や同僚、もしくは親しい友人と一緒に囲む食事。
＊ランチという名前がついていますが、夕方から深夜にかけた食事形態が大半です。
<ご注意ください。>
献立を本書で組み合わせる場合、レシピでの記載量を必要に応じて調節してください。メニュー構成の内容次第で、レシピでの記載量では一人当たりの量
が多くなる可能性もあります。

索引
Index

Foto:Line Falck

著者プロフィール

カトリーネ・クリンケン
Katrine Klinken

シェフ・料理執筆家。1963年生まれ。デンマーク料理界の第一人者。一般的な旬の食材を基本の調理技術で作るおいしい家庭料理の啓蒙に力を注いでいる。30冊以上の料理本執筆の実績を持ち、デンマークの新聞・雑誌などでも連載を担当している。各種メディアでの食に関する討論番組にも多数出演。スローフード国際協議会の北欧代表。政府関係のオーガニック食品推進活動や国民に質のよい食事を推進する運動にも長年従事している。
www.klinken.dk

写真家プロフィール

リーネ・ファルク
Line Falck

デンマークを拠点に第一線で活躍するフード・フォトグラファー。ナチュラルでシンプルな北欧スタイルを明確に打ち出した撮影およびスタイリングを得意とする。自然の素材を組み合わせた作風で、食材や料理の美しさを引き立てることに力を注いでいる。
www.linefalck.dk

翻訳・編集者プロフィール

くらもとさちこ
Sachiko Kuramoto

広島県出身。広島女子大学卒業。コペンハーゲン在住。デンマークの「ヒュッゲ」と食文化に興味を抱いて、30年近くデンマークでの暮らしを実践。デンマークの高等教育機関で健康と栄養を専攻後、地元で丁寧に育てられた旬の野菜を主役にした身体に優しい料理を提唱している。菜食を伝統とするシュタイナー教育機関での献立指導とレシピ開発にも力を注いでいる。デンマークの文化を日本に紹介するつなぎ役として活躍する側面を持ち合わせる。
www.kuramoto.dk

参考文献

外務省：https://www.mofa.go.jp/mofaj/annai/index.html

Eurostat：https://ec.europa.eu/eurostat

The World Bank：https://data.worldbank.org

The Nordic Council of Ministers：https://www.norden.org/en/nordic-council-ministers

デンマーク大使館：https://japan.um.dk/ja/

Transparency International：https://www.transparency.org/cpi2018

World Economic Forum：https://www.weforum.org/reports/global-gender-gap-report-2020

Eurostat: https://ec.europa.eu/eurostat/web/lfs/data/database

UN Human Development Index（HDI）：http://hdr.undp.org/en/content/human-development-index-hdi

IFOAM - Organics International：https://www.ifoam.bio/

Landbrug og Fødevarer Danmark：https://lf.dk/viden-om/oekologi/markedet

UN World Happiness Report：https://worldhappiness.report/ed/2019/
https://www.timeanddate.com

Nationalmuseet：https://natmus.dk/historisk-viden/temaer/historisk-mad

Ditter, Michael et. al., Culinaria European Specialities Volume 1, Könemann 1995

Nordisk samarbetskommitté för hushållsundervisning, Matkultur i Norden en kokbok, Skåneförlaget, 1999

Klinken, Katrine, Smørrebrød – Danish Open, Thaning og Appel, 2007

Klinken, Katrine, Måltider: 500 opskrifter fra Katrine Klinkens Køkken, Politikens forlag, 2012

Gercke, Ulrikke et al, Familiens bog om årets traditioner, Politikens forlag, 2004

staff

執筆／レシピ／料理作成：
カトリーネ・クリンケン Katrine Klinken
料理・風景撮影：リーネ・ファルク Line Falck
コーディネート／企画・編集／翻訳／執筆・編纂
（P.8〜23）：くらもとさちこ
装丁・デザイン：望月昭秀＋境田真奈美（nilson）
カラースキーム作成：八木祐理子
料理アシスタント：
Agnes Tingstrøm Klinken
Freja Mølgaard
Herman Kirknes
Katrine Riemer
協力：
Ritt Bjerregaard（「発刊に寄せて」寄稿）
Jan Oster（図鑑撮影・コーディネート）

家庭料理、伝統料理の調理技術から
食材、食文化まで。本場のレシピ101

北欧料理大全

2020年4月13日　発　行　　　　　　　　　　NDC596
2024年5月2日　第2刷

著　者　　カトリーネ・クリンケン
写　真　　リーネ・ファルク
翻　訳　　くらもとさちこ
発行者　　小川雄一
発行所　　株式会社 誠文堂新光社
　　　　　〒113-0033　東京都文京区本郷3-3-11
　　　　　電話03-5800-5780
　　　　　https://www.seibundo-shinkosha.net/
印刷・製本　図書印刷 株式会社

ISBN978-4-416-52016-1